梧桐入云

我的父亲林梧桐和他的中国情

林致华 著

中国华侨出版社
·北京·

图书在版编目（CIP）数据

梧桐入云：我的父亲林梧桐和他的中国情 / 林致华著. -- 北京：中国华侨出版社，2021. 12

ISBN 978-7-5113-8607-6

Ⅰ. ①梧… Ⅱ. ①林… Ⅲ. ①林梧桐—传记 Ⅳ. ①K825. 38

中国版本图书馆CIP数据核字（2021）第 190714 号

●梧桐入云：我的父亲林梧桐和他的中国情

著　　者 / 林致华
责任编辑 / 高文喆　桑梦娟
封面设计 / 胡椒书衣
经　　销 / 新华书店
开　　本 / 710毫米 × 1000 毫米　1/16　印张/16. 75　字数/187 千字
印　　刷 / 北京天正元印务有限公司
版　　次 / 2021 年 12 月第 1 版　2021 年 12 月第 1 次印刷
书　　号 / ISBN 978-7-5113-8607-6
定　　价 / 65. 00元

中国华侨出版社　北京市朝阳区西坝河东里77号楼底商5号　邮编：100028
发 行 部：（010）64443051　传　真：（010）64439708
网　　址：www.oveaschin.com　E-mail：oveaschin@sina.com

序　一

致华兄为其父亲、马来西亚著名华商林梧桐写的传记即将由中国华侨出版社出版了。他嘱我写序，我不能不写。

因为，此书的写作和出版其实最早是我一再提议的。几年前刚认识致华时，他曾送我一本马来西亚出版的薄薄小册子，名为《林梧桐传》，但称为传，无论是内容还是文字功力都确实略显简陋，远未能充分反映林梧桐一生的奋斗和业绩，且对历史事实也有不少不够准确的表述。自那以后，以林梧桐亲儿子的身份和角度，为老先生作传，向世人揭秘和展示一位更加全面和立体的林梧桐精彩且传奇的一生，成为林致华在中国追逐自己的冰雪运动梦想、鼎力支持中国举办冬奥会冰雪项目之余的又一工作目标。如今他的愿望即将实现，我自当予以支持。

我个人的职业和学术生涯也与本书主人公所在的马来西亚有不少渊源。当年在北大攻读博士学位，我的主要兴趣是战后的马来亚共产主义运动和马来西亚的华人与现代化进程两个领域。之后，商务印书馆出版了我的博士学位论文《华人与马来西亚的现代化》。20多年过去了，这本书依然是很多研究东南亚和马来西亚的学者们引用的著作，这也是我引以为傲的个人学术历史。当年的研究就包括了对林梧桐为代表的马来西亚华商群体的重点关注和分析。丹斯里拿督林梧桐作为现当代马华社会影响深远的重要人物，深度参与并影响了马来西亚社会的发展与变革，是大马最富传奇的企业家之一。

林梧桐早年从福建南下，在马来西亚从木匠学徒做起，他以极其敏锐的洞察力和顽强的执行力，果断出手，一步步将云顶高原发展成为全球最著名的旅游胜地之一。

功成名就的林梧桐始终未曾忘记自己的生身故土，中国改革开放以后，曾在中国做了大量的公益慈善和商业投资活动，为世界华商做出了榜样。

林梧桐的儿子们在他的影响和鼓励下也都成长为商界翘楚。二公子林国泰掌控的云顶集团已是业务遍布全球的邮轮和度假娱乐产业的领军企业，三公子林致华在跟随父亲来华投资考察的过程中也敏锐地发现了在崇礼县的荒山坡具有的开发潜力，筹资兴建了规模宏大的密苑云顶滑雪场，将建成为一个类似瑞士达沃斯那样的既能滑雪，又能休闲游玩的旅游度假胜地，并将作为2022年冬季奥运会的雪上项目场地。致华拥有的马来西亚林氏家族财团目前是在河北省最大的外商投资企业。作为北京奥申委唯一的外籍委员，林致华和他创建的密苑云顶滑雪场可谓功不可没。我作为祖籍张家口的人士，作为致华的朋友，也是与有荣焉。

自林梧桐 2007 年 10 月 23 日逝世，至今又过去了 14 年。他一生坚持不懈的奋斗精神和“毅力、勤奋和诚实”的经营要诀在其子林国泰和林致华兄弟身上得到了很好的传承。

梧桐已然入云，后世当继往开来。

是为序。

全国政协外委会副主任
察哈尔学会会长
2021 年 11 月
于北京适园

序　二

林致华先生在本书中写道，“我的父亲林梧桐，对很多中国人来说，还是一个比较陌生的名字。但在马来西亚，他却是一位家喻户晓的华人。他的传奇经历，也常被人津津乐道。”其实，在包括新加坡在内的东南亚华人社会，林梧桐先生也是一位耳熟能详的企业家和慈善家。笔者在新加坡国立大学人文与社会科学学院、英国曼彻斯特大学商学院以及南洋理工大学南洋公共管理研究生院讲授海外华人企业家课程时，就曾以他和云顶集团个案来分析企业家精神、社会与商业网络的关联性和重要性，他的成功与贡献给学员们都留下深刻印象。

今年七八月间，笔者在厦门休假期间仔细拜读了《梧桐入云——我的父亲林梧桐和他的中国情》一书的初稿，不仅加深过去从学术研究角度对林梧桐先生的了解，还对他的子女（尤其是二公子国泰和三公子致华）的成就有新的认识。本书独特性在于从家庭内部视角展现了林梧桐先生的心路历程和成功之道，既栩栩如生又亲切感人。例如，本书第一部分《下南洋》

写道，1937年春节后，年仅19岁的“父亲带了个小行李箱，箱子里装着师父送的一套木匠工具，先走水路到厦门，然后从厦门太古码头（今和平码头），坐一个小舢板，登上英国太古轮船公司的一辆排水量为3500吨的客货轮‘安徽号’”。笔者的住处离和平码头相距不到十分钟脚程，掩卷细思，颇有身临其境之感，并进而体会老一辈华人移民下南洋的拼搏精神。

本书第二部分《云顶传奇》再现林梧桐先生在马来西亚的创业过程。令我印象深刻的不仅是他敢于冒险的勇气和敏锐的商业头脑，还有他与当地政府、企业以及华人社会所建立的和睦关系与稳固友谊，这对身处东南亚多元种族社会的华商来说，是他们在当地发展的不可或缺之成功要素。作为最大的海外华商之一，林梧桐和云顶集团具有重要的教科书之价值。因此，我很高兴得知本书的英文版也即将面世，使更多人通过这本传记了解海外华人在中国和住在国发展中的作用。

本书第三部分《在中国》叙述林梧桐及其子女对中国经济建设的参与和对家乡教育事业的贡献。改革开放的头20年间，海外华侨华人在“招商引资”过程中具有不可替代的作用；进入21世纪之后，他们对推动中国深度融入经济全球化和“招才引智”同样功不可没。

本书生动描述了林梧桐先生对中国和中华文化的热爱，并将这种精神很好地传承给他的后人。林致华先生今年3月在凤凰卫视《名人面对面》专访中提到了中华文化的深远影响力、

“做明天的生意”、他父亲“以身作则”（leadership by example）和“努力做事”的态度之感召，这些在书中都有详细记载。他对申办2022年北京冬奥会的潜心投入和全情参与，更是新时代海外华侨华人与祖（籍）国千丝万缕联系的写照。正如他在书中所说的，“2022年冬奥会，花落京张，这属于中国的梦，也属于我的梦……”“人心安处即是家。我和父亲都是在异国他乡创业，只是我跟父亲刚好走了一条相反的道路，父亲是从中国到马来西亚，我是从马来西亚到中国”。我认为，他们父子俩是殊途同归，以不同方式践行了人类命运共同体的理念。

我相信，各位读者会和我一样，为林梧桐父子的辉煌经历及其对马来西亚和中国的贡献所感动，并与本书作者一道，共同祝福中马两国友谊长青，祝愿两国人民明天更美好！

是为序。

刘宏
新加坡南洋理工大学
人文社科学院院长
2021年11月
于新加坡

目　录

第一部分　下南洋

第二部分　云顶传奇

第三部分　在中国

第一部分

下南洋

第一章　安溪林氏

“凤凰鸣矣，于彼高岗。梧桐生矣，于彼朝阳。”梧桐枝干挺拔，根深叶茂，自古以来，“梧桐”都是品性高洁的代名词。传说梧桐分雌雄，雄树为梧，雌树为桐，梧桐相互依偎同生同死，因此又成为忠贞爱情的象征。梧桐高展入云，孤独清冷，寂寞梧桐锁清秋，它又常常代表着孤独离情。而梧桐作为一种树，子、叶、花、皮、根可药可食可用可赏，一身是宝，又象征着完美。

我的父亲林梧桐，在我眼中就是这样一个近乎完美的人。他精力充沛，性格坚韧不拔，洞察力强，天生的好人缘，做事果断，脑子里装满用不完的点子，对母亲、孩子都十分关爱。在员工眼中他是个好老板，在孩子眼中他是个好父亲；在中国他是一位做了很多公益慈善事业的华商；在马来西亚，他又是为经济发展作出卓越贡献的企业家。他的一生，虽然历经曲折和沧桑，但最终功德圆满。

父亲的一生，经历过各种社会动荡，但一路平安走来。父亲 1918 年出生于福建省泉州市安溪县，此时，晚清乱局已然远去，辛亥革命风暴也到尾声，袁世凯称帝带来的一时混乱也已结束，中国政治舞台上正在上演军阀割据。随后，孙中山的国民革命军北伐，蒋介石的南京国民政府在形式上统一全国，中国的社会和经济总体上迎来了一个短暂的黄金发展时期。父亲的少年时代，正是在一个相对安定的年代度过。

我的曾祖父叫林美照，他生有 4 个儿子，分别是林石泉、林模梓、林模杏和林模瑾，其中林模瑾早早到了南洋，将在以后成为庇护父亲成长的一棵大树。长子林石泉是我爷爷。爷爷育有 7 个子女，按长幼顺序依次为林景亚、林庄（女）、林宝（女）、林昔（女）、林梧桐、林美（女）和林景坤。父亲排行第五，家族人丁兴旺。

爷爷林石泉据说学过一些拳脚，还懂得一些采摘中草药对症下药的方法，村里人凡是跌伤、撞伤或被蛇咬伤，无不前来求他采药，他都有求必应，颇受村人的好评。

《蓬莱大林氏族谱》记载着联中村大林氏族谱，族谱自明朝万历年间始修，取名的字派顺序为："永宗仕积期，国在肇明德，美模景致拱，遵尚泽飏恢，绍西河文物，仁义礼智信。"我叫林致华，我大哥叫林致强，都是"致"字辈。我二哥最初取名为林致泰，后来改名林国泰。从取名这件小事来看，林氏家族从我爷爷一代起，就是既重视传统，尊重传统，取名优先考虑族谱的规定，但又不局限于传统，根据实际需要来取名，所以爷爷的名字里没有“模”，父亲的名字里没有“景”。

如果一直往上追溯，林氏祖先要溯及商朝的比干，也就是封神榜上那位以死谏君的忠臣，其子林坚后来成为周朝重臣，并成为中华林氏始祖。到东晋十六国时期，五胡乱华，中原板荡，衣冠南渡，八姓入闽，以林氏为首。

林姓从东晋时期至今，一直都是福建省人口最多的姓氏，号称“林陈半天下”。目前，全球林氏有 2000 多万人，在中国台湾地区、东南亚乃至整个华侨华人圈，林氏都是屈指可数的大姓。

闽南林氏以林禄为始祖。东晋时期，大将军林禄奉敕守晋安郡，从山东迁家居晋安，他匡扶晋室，战功卓著。因先后辅佐晋元帝、晋明帝、晋成帝、晋康帝、晋穆帝五位皇帝，是忠心耿耿的“五朝元老”，死后被追封为晋安郡王。

安溪是中国著名茶叶之乡，以盛产乌龙名茶铁观音而闻名于世。安溪古名“清溪”，县志称“其山峻，其水洌，澄泓凝碧，厥名清溪。当邑之阳，溪流清莹，顺下如驶，故曰安。安者，顺也”。在安溪，林姓同样是第一大姓，且绝大多数是林禄的后裔，我们也不例外，是林禄的后代。

父亲出生于 1918 年农历二月二十八（公历 4 月 9 日），这个自然村落叫大墘下洋村。我奶奶叫吴万，生父亲的那一天，刚过清明节不久，我奶奶虽然身怀六甲，却仍然按日常的习惯到田间地头拨弄禾苗。

突然间，我奶奶感到一阵强烈的胎动，已经生了四个孩子的她立即意识到腹中的胎儿将要出生了。她赶忙大声呼喊在周围干活的其他人，大伙儿见状急忙将她抬回家中，还没等接生婆进门，孩子就已呱呱坠地了。

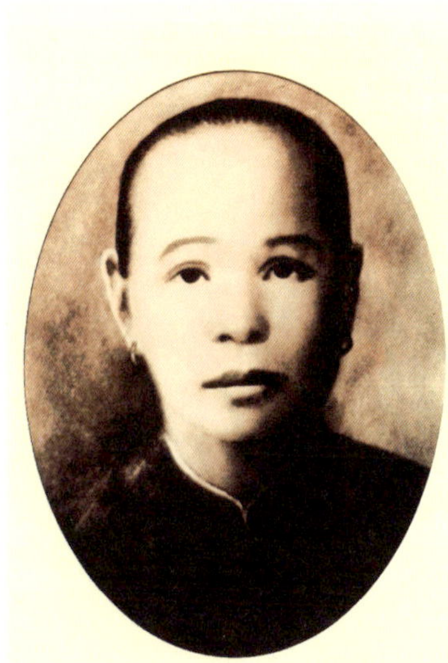

我的奶奶吴万遗像

父亲的一生颇具传奇。连他的名字来历，都有人编撰了这么一个故事并写在书中：

> 得知林家媳妇生了个男孩，邻居们纷纷前来道贺。想到该给孩子取名字了，大家这才注意到，孩子的爹还不见踪影呢。于是一位邻居赶忙让自己的儿子帮忙去找。那个男孩跑遍了整个村子，才在村头的麻将馆里找到了林石泉。男孩大声喊道："林叔，林婶生了个男孩，等着您给取名字呢！"当时的林石泉玩性正酣，这一把眼看着就要和牌了，他听到儿子出生，不由得喜出望外，顺手拿起了一颗牌，居然真的和了，便兴奋地大叫一声："五筒！"那男孩听见林石泉响亮地喊了声"五筒"，以为是给孩子取的名字，转过头一溜烟地跑回林家，回报说："林叔给孩子取名叫五筒，林五筒！""林五筒？"吴氏听到这个名字颇为不解，按照林家族谱中的字辈，这个孩子属于"景"字辈，这

名字中怎么没有“景”字呢？再说好好的一个男孩叫“五筒”，这多别扭呀！这时，孩子的外祖父说：“‘五筒’二字确实不雅，但既然是孩子的父亲给取的，也不好违背，依我看，不如就取谐音‘梧桐’。梧桐乃富贵吉祥之树，‘种得梧桐树，引来金凤凰’，希望这个孩子的降临能为我们林、吴两家带来好运和财富。”

上述故事，据父亲讲，并非事实。父亲说，他的外祖父是个读书人，知道一些五行四柱命理学问，根据他的研究，测得父亲五行缺“木”，因此取名三字皆木，以弥补先天不足。他认为“梧桐”是一种富贵吉祥的树，这个名字将为父亲带来好运。

茅檐低小，醉里闽语，父亲的到来，给家庭生活带来新的色彩，这是一个虽贫穷但自足的家庭，他们有自己的幸福生活。

6 岁时，父亲开始在离家不远的魁美小学读书。这是一所华侨捐建的小学，当时，在泉州的小学，有三分之一是华侨捐建，其中蓬莱镇就有 5 所。按照民国政府规定，小学四年为义务教育，毕业后得入高等小学四年，合计为八年学制。初小学习内容主要是读文识字、简单算术，还学习中华典籍，如《诗经》《论语》《三字经》《唐诗三百首》等。高小学习内容涵盖天文、地理、人文等学科。但华侨学校更加注重尺牍和珠算，还开有信函、记账、化学、几何等实用的课程。

“漳泉诸府，负山环海，田少民多，出米不敷民食。”安溪地少山多，迫于生计，很多人早早地走上经商的道路。我爷爷林石泉也是如此，他除了种地，平日里靠贩卖菜籽、茶叶、鳖兔等为生，收入微薄。妻子吴氏虽非出身富户，却也识得大体，恪守妇道，在生下父亲后，她又陆续生了两个子女。林家人丁兴旺，但是对于小户人家来说，孩子越多，生活也就越显得拮据。

在放学的时候，父亲经常跟着爷爷到彭墟街边卖些小商品，有时候他们还会挑着货担翻山越岭到邻县永春去卖。相比于故乡的宁和安静，永春是一个相对繁华的地方，永春的集市更是车水马龙，好不热闹，还有好多父亲从来没见过的新鲜玩意儿。有时候，卖了菜籽，我爷爷会顺便给父亲买一些纸笔。生意好时，还会买一些好吃的糖球、点心给他解馋。对年幼的父亲来说，这样的生活是有趣而愉快的。

第二章　两元经商

在父亲出生后不久，他的大哥林景亚跟随我四叔公林模瑾去了南洋——马来亚，也就是如今的马来西亚。景亚伯父在吉隆坡茨厂街做经营炒面的小贩生意，他曾经希望等父亲长大后，带父亲一起到马来亚。但 1932 年，在 26 岁的景亚伯父回乡探亲期间，一病不起，不久就去世了，留下一双儿女，分别是林海水、林却。

林景亚的遽然去世，给全家带来了巨大的悲痛。家里的一根顶梁柱突然倒了，一家老小全都陷入无限哀伤的痛苦中。父亲当时已读完初小，高小也上了三年，如果兄长没有去世，再过一年他就可以小学毕业。

祸不单行，景亚伯父去世不久，1934 年，爷爷林石泉突然被土匪在山林杀害，甚至掩埋在哪里都不知道。一直到中华人民共和国成立后，解放军进山剿匪时，捕获一个曾经参与害死林石泉等人的匪徒，在审讯中，才获悉具体掩埋地点，林族宗亲派人从该地取回两具骸骨。

爷爷是家中的顶梁柱，他突然遇害，给家庭带来的打击无疑是巨大的。父亲无奈地选择了辍学，挑起养活一家七口人的重担。在父亲看来，身为家中最大的男丁，自己责无旁贷。

熬过丧父的悲痛之后，父亲向爷爷的朋友借了 2 块银圆（按购买力计算，民国时期的 1 块银圆相当于人民币 100—200 元）充作购买菜籽的本钱，毅然接手了爷爷生前的营生。爷爷留下的遗产，不过是一杆秤、一副货担。

父亲所在的镇是安溪县蓬莱乡（后改为镇）。蓬莱距离安溪县城约 20 千米，距离相邻的永春县城则有约 40 千米。从家里到永春，一趟往返，就是 80 千米，而且全都是山路。永春号称四时皆春，曾经是州府所在地，更为繁华，人流更多。而安溪由于靠近泉州，在民国时期，各种势力战斗不停，县城破坏比较严重。

那一天，天刚蒙蒙亮，父亲就挑着货担出门，赶赴永春。虽然不是第一次走这条山路，但是那次他感到了从未有过的孤独。小时候，他经常陪爷爷去永春，一路上，他总是一边蹦蹦跳跳地跟在爷爷的身边，一边大声地背诵新学到的古文。遇到山路不好走时，爷爷就把他放到货担的另一头，挑着货物和他一起走，还给他唱山歌，讲关于蓬莱山的美丽传说，逗得父亲咯咯直笑。而今，爷爷已逝，这条原本充满欢笑的山路上，再也没有他那洪亮爽朗的笑声了。身上的货担早已把父亲的肩膀磨破，脚底下也磨起了水泡，以前爷爷从来不让他帮忙挑担，今天他才真正体会到了爷爷的艰辛与劳苦。

山路遥远，到达永春时，已经临近中午，父亲早就饥肠辘辘了，随便啃了几口硬邦邦的干粮，他便开始了第一天的生意。

做生意的地方叫五里街，因距离县城 5 里得名，从明清开始就是一条著名的商业街。

民国时期，每天都有从上海、宁波、福州等城市运来的棉布、火柴、肥皂等日用百货，以及从泉州、惠安、南安沿海一带来的食盐、海带、鱼干等海产品，还有闽中、闽西北的瓷器、香菇、笋干、粗纸等土特产品，从四面八方汇聚在五里街。

然而，父亲在人来人往的市集里，站了整整一天，却没有人来关注这个满脸稚气的瘦弱少年。眼看着太阳西沉，父亲却连一颗菜籽也没有卖出去。这时他才明白，跟在父亲背后是一回事，自己独当一面又是一回事。此时的父亲又渴又饿，孤独、委屈一下子涌上心头，他蹲在地上不由自主地失声痛哭起来。

当晚，筋疲力尽的他躺在床上辗转反侧，一种啮啃内心的羞辱和挫折感深深地印在心中，怎么也挥之不去，眼泪更是禁不住簌簌而下。不知过了多久，父亲终于进入梦乡，梦中，他听见父亲对他说：“桐儿，不要惧怕困难和挫折，这个世界上没有过不去的桥，也没有做不成的事，只要活着，希望就在。”

对，只要活着，希望就在！第二天天不亮，父亲就起床上路了，山路漆黑而湿滑，但是他丝毫没有感到害怕，仿佛自己的父亲就在身边陪伴着自己。这一次，显然比昨天早到了很多，父亲选好了一块空地站定，放好货担，便迫不及待地先向别人介绍道："父亲是林石泉。"就这样，他和顾客们渐渐熟络起来。这一天，所有菜籽都卖光了。共卖了 4 块银圆 8 角钱，除了 2 块银圆的本钱，还赚了 2 块银圆 8 角钱（相当于现在的人民币三四百元）。这是父亲独立赚得的第一笔钱。

满怀欣喜的父亲，为奶奶买了一副新绑腿，为他的弟弟买了一包糖球，为他的小妹买了一根新头绳。而他自己呢，脚下的鞋子已经破得露出了脚趾头，但他还是舍不得买一双新鞋。多年后，已经成了巨富的父亲还笑称，自己人生的第一桶金是 2 块银圆 8 角钱。卖菜籽的生活清苦而艰辛，父亲每天都是摸黑出门，走几十里的山路，有时挨家挨户地叫卖，有时要翻山越岭连走好几个村落。这种风里来雨里去的生活一直持续了两年，父亲终于还清了欠下的所有债务，家里也有了一点为数不多的积蓄。

近两年时间里，父亲也认识了很多经商的人。他发现，经商也有很多讲究，如果出远门行商要看日期，从农历中挑选吉日出门，慎重一点的人，还要进神庙烧香、抽签问卜。平时祭神也是少不了，除了本地著名的清水祖师外，正月要点香祭拜财神爷、土地公，五月十三敬关帝，因为做生意要像关公一样讲信誉和道义。

父亲卖菜籽的经商生涯未能持续，首先是因为通往永春、安溪县城的山上又出现了严重的虎患，时不时就听说有行人被咬死咬伤。永春虎患在历史上就有记载，到了 20 世纪 30 年代，社会相对安定，人们纷纷进山垦荒，失去栖息之所的老虎，有一些就下山窜入城乡，同人类争夺生存空间，以人畜为食。这种局面后来到 50 年代又重现，1953 年统计的数据表明，永春和安溪两地被老虎咬死、咬伤的竟有 2000 多人。

虎患算是天灾，结伴而行还可以壮胆，但是安溪县又闹起了土匪。土匪们欺男霸女、烧杀抢掠，无恶不作，像父亲这样的小商贩，生意根本做不下去，很多人不堪其苦，逃往南洋等地。

第三章　拜师学艺

做了两年小买卖后，父亲决定正式改行，向本村一位木匠师傅拜师学艺。

这个师傅也是本家姓林，手艺在十里八乡都闻名，但他心气也高，很多人想跟他学艺他都不答应，只让打下手。而父亲却被他一眼相中。原来，父亲学过算术，在做商贩时，更是日日跟数字打交道。而做木匠，正是需要精确计算。加上父亲两年来每天在数十里的山路风里来，雨里去，不但锻炼了一身的胆量，而且浑身有使不完的力气。

拜师学木匠，按照鲁班爷传下的老规矩，父亲请人说合，写下门生帖，保证服从老师管教、遵守三年出师的规矩，然后摆酒，向老师作揖、磕头，行拜师大礼，这就开始了木匠学徒生涯。

按惯例，学木匠要从拉锯学起，师父拉大锯，他拉小锯（下锯）。父亲进门后，先从粗活杂活做起，担水、扫地、拉大锯、识尺码、磨刨刀、锉锯齿，再到抡斧头、开木料、推刨子、凿眼、接榫，一样样地学，一件件地做，不敢有半点松懈。好在父亲勤奋好学，又吃得苦，师父从未为难过他，还将一身技艺倾囊相授。

俗语说“七十二行，木匠为王”。木匠名列民间八大作（木、石、泥、瓦、油、漆、纸、扎）的首作。车、船、犁、耙、桌、椅、床、凳，各种大大小小的木器，无不出在木匠师傅的手下。盖房架屋合门窗、立梁檩也都是木匠师傅领作，并且规划统筹建房整个过程。即使不称呼“首作”，一般也把木匠的地位看得更高一些。就拿过去起屋盖房说，都是木匠在四角安好柱脚之后开始垒砌。上梁时，木匠燃点鞭炮，在梁上贴喜字，挂红布。有的地方上梁唱喜歌，也要由木匠担任领唱。

木匠有粗细之分，粗木匠主要是起屋盖房那一套木匠活（做过梁、削檩条、砍椽子、打门窗等），也做大车、小车及犁耧等农具。细木匠多为人制作家具、木样，并做各种雕活。父亲所学，正是盖房架梁，称作“大木”。这门手艺，后来成为他在马来亚立足的根本。

父亲不但学手艺，还跟师父学做人做事的礼节。因为木匠吃的是百家饭，所以讲究也很多，例如，坐席要坐下位，吃饭不多言，师父不动筷徒弟不能先吃，吃菜不可满盘子夹菜，眼睛不可直视女人等。行话道“三年满，四年圆，离开师父去挣钱”。一般经过三年的学习锻炼就可以出师了。

父亲大多是跟着师父走村串户进行加工。秋收后的一段时间是木匠们最繁忙的时间，其中多半是被人家请去做嫁妆。因为过去街上没有专业的家具店，也没有电锯、电刨等机器。所有嫁妆全靠木匠一锯一斧手工制作。

上梁是技术性很强的活儿，也是木匠们最风光的时候。木匠师傅把房梁用绳子系好，爬上砌好的墙顶，就吩咐下面的人将绳头扔给他们。木匠在上面用力拉，下面的人往上擎。擎到手够不着时，就用叉子继续往上擎。房梁上好后，梁的正中用红纸或红布写上吉联“上梁大吉，吉星高照”高悬耀目，煞是喜庆。

父亲学的是大木建筑。据父亲讲，闽南的大木建筑技术在全中国都颇有名气，尤其值得称道的是“溪底派”大木匠师。闽南建筑有中国建筑严整对称的一般特征，又有自己独特的风采，如燕尾脊、出砖入石、丰富多彩的剪粘堆砌等。一栋建筑物，从设计到施工，都是木匠师傅主持，父亲当时还是学徒，做一些泥水、雕刻、油漆、彩绘等下手。

到 1937 年，父亲学了近两年木匠活。然而，此时不但县里土匪横行，很少有人家要盖新屋，而且，日本也对中国虎视眈眈，风雨将来。

出路何在。其实，早在拜师学艺的时候，父亲已经将目光望向遥远的马来亚了。1934 年，父亲堂兄林景聪，即我三叔公林模杏的儿子，在这一年漂洋过海到了马来亚，说那里是个生活安定而且风景优美的地方，父亲早已心向往之。由于家乡有很多人在南洋讨生活，对于父亲而言，南洋空间距离虽远，心理距离却很近，仿佛只是另一个家园。在当时，东南亚诸国分布的华人，已经超过500万人。

第四章　下南洋

明清时，以中国为天下中心，将海洋世界分为四大洋。东洋日本；西洋欧美；北洋黄海、渤海；南洋，指东南亚较深区域，包括马来亚、印度尼西亚、菲律宾等国。概而言之，往东洋者，多为革命；往西洋者，多为科学；往南洋者，则是讨生活。

中国人下南洋的历史久远，自汉朝就有记载。明末，由于中国天灾和战乱频繁，而英国、荷兰等东南亚殖民者希望引进更多华人去开发，福建、广东两省出现持续300年的大规模移民浪潮。清末民国时期，是下南洋一大高峰时期。

抗日战争爆发后，在1938年，中国通往东南亚的海上航线被日军切断，从此下南洋就基本终止。中华人民共和国成立后，还曾出现反向流动潮，大量华人从住在国迁回中国。

下南洋人群，95%以上出自闽粤两省。而在福建，又以泉州为最，而今泉州在外华侨华人有950多万人。这是由于闽粤人濒海为生，善造舟船、习于航海，印度洋诸地商客、使节很早就在此泛海而至。而泉州处于江海交汇之地，从北边泉州湾到南边围头湾，都有深邃的水道可以通航，沿途可供商舶停泊的贸易港湾众多，是终年不冻、四季可行的天然良港，而且冬季盛行东北风，夏季盛行东南风，海舶从此地不仅便于进入印度洋诸地，前往朝鲜、日本等地也十分快捷，可谓占尽天时地利。

而南洋等地对于华人来说，自然条件得天独厚。南洋地处赤道附近，属于热带气候，雨量充沛，土地肥沃，非常适合种植农作物。天然港口多，又地处全球贸易中转地区，商业贸易发达。在马来亚，橡胶、锡矿十分丰富，吸引了很多中国人前往谋生。马来亚数百年来还颇得上天眷顾，几乎没有重大天灾，马来亚的地理位置刚好避开了地震带，北面的菲律宾和南面的印度尼西亚刚好挡住了海啸和台风，这使马来亚成为一个难得的没有天灾的乐园。

安溪崇山峻岭，幽谷深壑，溪水穿行其间，汇晋江入海。自古以来，无数安溪人顺流而东，漂洋过海外出谋生。南洋，是安溪人出海落脚的第一个选项。我四叔公林模瑾，就是其中一位。

1936 年末，父亲的四叔林模瑾给他们寄来了一笔 200 元的汇款，用作父亲的弟弟景坤的学费，同时还有一封信。原来，四叔公在马来亚的吉隆坡做建筑承包商，资质已经到了 A 级，可以承建各种大型工程。

父亲见此就对我奶奶讲，希望能把四叔公汇来的款借给他一些作为船费，他也想到马来亚闯一闯。奶奶毫不犹豫地同意了。

父亲一直对爷爷和奶奶心存无穷的感激之情，他后来回忆时说："从小父母亲就开始孜孜不倦地给我们灌输华人的传统美德。他们再三强调，做任何事情都得有始有终，不能半途而废或见异思迁。凡事只要集中精神、全力以赴、敢于面对问题、努力寻求解决方案、持之以恒，就有成功的希望。父母亲的循循善诱对我的影响至深，也让我学到许多做人处世应有的原则。其中之一，就是一旦决定做一件事，就应该竭尽所能去完成它。这已成为我一生做事情的基本原则。父母亲经常提醒我们做人要脚踏实地，说'小富由俭，大富由天'。所以从小我的脑子里就深深地烙上了这样的价值观：做事要走正途，勤奋努力，不投机取巧抄近路，以务实、稳步渐进的方式争取成果。我也记得父母亲的劝诫，说'好心必有好报'。在我一生多次的经历中，这句话果然应验了。现在想起来，父母亲当年的教诲，就是我最好的教育。如果我一生中有什么成就的话，我愿意把一切的荣誉献给他们。没有他们悉心的教诲就没有今日的我。"

1937 年的春节还未过完，父亲 19 岁之时，告别了奶奶。临行前，细雨如尘，我奶奶拉着他的手再三叮嘱："儿啊，人在异乡，凡事都要容忍，万不能与人发生争执，更不可与人动武。任何事情一旦动起武来，无论谁输谁赢，大家都会吃亏。"

父亲含着眼泪，把奶奶的话牢牢记在心里，这句朴实而充满儒家智慧的话也影响了他的一生。

从安溪入东南亚，有泉州和厦门两条路线可走。安溪是全国知名的华侨之乡，据后来统计，安溪籍华侨华人多达 120 万人，超出了本土人数。泉州、厦门逐渐成为福建华侨两大中心。泉州作为文化古城，是闽南的精神堡垒，也是华侨心目中的闽南首邑；厦门是政治、经济中心，是华侨出入的门户之城。

明朝时，中国的航运业曾领先世界。但受到清朝闭关锁国的政策限制，到清末，受西方轮船业的冲击，传统航运业逐渐衰落和萧条，众多曾经显赫一时、富甲一方的船商家族从此衰落，在商业领域逐渐销声匿迹。厦门的远洋航运此时被英国太古、荷兰渣华等六家轮船公司所垄断，又称“六和公司”。

父亲带了个小行李箱，箱子里装着师父送的一套木匠工具，先走水路到厦门，然后从厦门太古码头（今和平码头），坐一个小舢板，登上英国太古轮船公司的一辆排水量为 3500 吨的客货轮“安徽号”。太古洋行从厦门至南洋有三艘轮船，其中安顺号、安徽号目的地为新加坡、槟城，安庆号目的地为马尼拉。

上船之前，父亲面临一系列烦琐的盘问，还被要求抄写证照上的文字，以此检验他是否具有文化水平。原来，20 世纪 30 年代之前，下南洋人数众多，南洋诸国对于来南洋的华人没有任何限制。但 1931 年东南亚的经济危机后，当地出现大规模失业潮。于是马来亚英国殖民政府对于华人出洋作了数量和文化水平的限制。到 1934 年，由于国际市场上橡胶和锡的价格上涨，才又放宽限制。

安徽号从厦门至新加坡（当时称“实叻”），每两周一班，在汕头港有短暂停留。厦门到新加坡的船票定价为 61 元。安徽号依照不同的舱位，提供等级不同的餐食，但都是免费，有广州和福建茶供选用。

厦门商业的繁华，安徽号的威武霸气，让第一次出远门的父亲震撼不已。他感到自己的渺小，但心中又隐隐埋下了一个愿望，会不会有一天，自己也拥有这一切？

在海上行驶了 8 个昼夜，终于抵达新加坡。他在自己大姐的家暂住了两天后，第三天就搭火车到吉隆坡。一位叫柯祥海的亲戚对他非常照顾，给他买了火车票，还给了他 5 元作零用钱。到吉隆坡后，父亲就住在四叔公林模瑾的家中。

父亲基本就是那个年代最后一批“下南洋”的中国人。几个月后，抗日战争全面爆发。1938 年 5 月，厦门失陷，“下南洋”的路线被切断，而且国民政府也加紧了出洋管控，下南洋从此由大规模的移民，变成零星的偷渡和偶然的出国。再后来直至中华人民共和国成立，“下南洋”彻底成为历史名词。

第五章　初入马来亚

1937 年的马来亚，正处于大英帝国殖民统治之下。吉隆坡是探险家们建立的城市，最初是为了寻找锡矿苗，它位于鹅麦河与巴生河的交汇处，城市名称原意为“泥泞的河口”。由于大量华人矿工的进入，它也是一座著名的华人之城。初春的吉隆坡，气候温暖宜人，不像泉州老家还有春寒。当时春节刚到尾声，吉隆坡的华人社区春节习俗跟中国基本相同，到处张灯结彩，耍龙舞狮，喜气洋洋。

在吉隆坡住下次日，四叔公林模瑾召他前来问对。四叔公详细询问了安溪家乡和他登船出海的情况，父亲一一作答。然后四叔公又询问他木匠技艺如何，并简单介绍了马来亚的建筑业发展，安排他就在自己的建筑公司做工，每天工钱 8 角，次日即可上班。

终了，四叔公告诉父亲，过两日会有批局的信差上门收批，他可以写家书一封报告平安。四叔公家笔墨纸砚俱全，父亲借来一套，就开始写起了他人生的第一封家书。“母亲大人膝下敬禀者：儿已顺利抵达，居停旅栈，颇为顺利。微躯粗安，无须挂怀。虽初到此间，百凡生疏，幸有四叔，一切指教……经封叻轮归国之便，付批局带呈一信外并国币五元正，至时查收，以应家中之用……恭叩金安。”

父亲依规在信封上填写了家乡的地址和汇银的数目后，恍然意识到，当侨批寄出，他的对外身份，就从普通中国人变成“华侨”了。他甚至开始憧憬，在此间奋斗成功后，还会荣归故里，在老家安享晚年。

由于在老家做了两年木匠活，打桩拉锯、竖柱上梁熟门熟路，父亲很快就熟悉了四叔公建筑公司的木匠工作。但他发现，现代建筑不再是以木工为王，而是以钢筋混凝土为核心，这对他是个新鲜的领域，但也激起了他的好奇，于是潜心向其他工匠师傅学习。

有时无工可做，父亲就在吉隆坡四处徜徉，欣赏它的万种风情，娇艳多姿的胡姬花，香甜诱人的榴梿，让父亲很快爱上了这个城市。

马来亚有着悠久的历史，吉隆坡的建筑既有现代时尚的一面，又散发着古香古色的迷人风韵。在街头，父亲看到这里有着不同语言、不同肤色、不同服饰的人。不过他日常留意的是风格迥异的各类建筑，空阔优美的英伦市政大楼，雕梁画壁的中国风住宅，还有马来土著居住的“马来屋”，等等。每种建筑自有个性，也自有其不同的美感。但各种建筑杂处，竟毫无违和感。

建筑往往跟地理人文密切相关，最好的建筑往往是最符合当地实际的作品。马来屋由于是纯木建筑，更加吸引父亲的注意。马来屋基本是重檐屋顶，出檐深远，下层屋顶平缓挑出，可用于遮挡热带强烈的阳光，又形成光线反射，使室内采光柔和。上层高耸陡峭，可以迅速排水，在这个下雨频繁的地方，非常实用。马来屋在乡下较多，而在城镇，则多是骑楼建筑，二层挑出，形成骑楼街道，也可以遮风避雨。

在马来亚，英语、华语、马来语、印度语都是常用语言。父亲发现身边不少人似乎很有语言天赋，会说好几种语言。

接下来的两年里，父亲又开始努力学习马来语，同时还有粤语和普通话。不过两年时间，父亲就像一个久居马来亚的华侨了，各种语言都可以熟练地出口，虽然经常出错，但对做生意和日常交流来说，已经没有太大障碍了。

打工两年后，积累了不少经验，父亲觉得自己已经可以独立承包工程了。1939 年，父亲获得了他在马来亚的第一个工程，在吉隆坡蕉赖路九英里（约 14.48 千米）附近，兴建一个两层楼的学校，是从一个建筑商手上转包而来。

这是一所华人学校。自 19 世纪初，由于大量的华人子弟面临教育问题，康有为、孙中山等革命家在马来亚大力推行新制学校。辛亥革命后，华人学校如雨后春笋，截至 1920 年，新、马总计华校已多达 600 所。

但后来英殖民政府实施学校注册法令，对华人学校进行压制，到 1930 年时，约有一半的华校被取缔、关停。再后来在华人的反抗和努力下，华校又恢复了合法地位。据 1938 年的统计数据，当时华文学校学生数量是英文学校数量的两倍多，华人学校则有 1000 多所。

父亲承建的这所学校，就是在华文教育方兴未艾之时创办。工程竣工后，父亲结算发现总计赚了 100 多元钱（指英属马来亚元，大概相当于 10 英镑，按购买力大约为现在的人民币 1 万元），兴奋不已。钱虽不多，但关键是，这是他从打工仔变身“老板”的第一步，是他在马来亚创业的起点。同时，这还是父亲第一次与教育结缘，在以后的岁月里，他曾无数次捐资兴学，鼎力推动华人教育事业发展。

这是父亲早年寄回家乡的照片，由表姐柯真珠提供

第六章 抗战洪流

1937 年七七事变后，日本帝国主义向中国发起全面侵略进攻，中华民族处于生死存亡的关头。此后父亲通过报纸不断知道来自战场的消息，一边为淞沪会战之类的失利忧心，一边又为台儿庄、平型关之类战役的大捷而欢欣鼓舞。

父亲下南洋之后几年，泉州一直处于日军炮火之下。1937 年 10 月，日军攻占金门，随后日军飞机不断对泉州及各郊县进行狂轰滥炸，造成军民大量伤亡。当月日军小股部队想在晋江登陆，遭到军民还击后败退。1938 年 2 月，国民政府为阻击日军，自毁泉州全部公路；5 月，厦门沦陷，大量难民逃往泉州。1939 年 5 月，日机二次轰炸泉州，百姓死伤 50 余人。1940 年 4 月，抗日军民配合国军夜袭金门；7 月，日军进犯永宁镇、轰炸惠安，民众死伤 100 多人。

安溪崇山峻岭，有效地遮蔽了日军的攻击，泉州大量学校和军政机关这时都迁往安溪。国民政府西迁后，日军的注意力也转移到中部地区，泉州由此一直处于国民政府掌握中，直到抗战结束。

四叔公林模瑾当时已是一位颇有名气的华人企业家。沧海横流方显英雄本色。在七七事变之后，四叔公像陈嘉庚、胡文虎这些侨领一样，积极奔走，呼吁支持中国抗日。

父亲所见，在马来亚，从富有的侨领巨商到生活清贫的工农侨众、小商小贩，乃至一贫如洗的无业者，从两鬓斑白的老人到刚刚懂事的孩童，无不参与捐款捐物。而且他们的捐款几乎倾尽家资。

据国民政府的统计，自 1937 至 1945 年，全球华侨捐款总计高达 13.2 亿元，占军费总数的三分之一。尤其是在头三年，全世界的华侨汇回国的各种捐款就达到 20 亿国币，平均每月 6000 万元，占当时全国军费开支的 85%。

抗日战争全面爆发后，南洋侨胞成立了南洋华侨筹赈祖国难民总会，共推陈嘉庚任主席，统一领导南洋各国 800 万华侨对祖国捐赠款物工作。因此新、马华侨，尤其是闽南籍华侨捐资，又占绝大部分比重。1941 年日军侵占马来亚，大肆屠杀爱国华侨，捐款捐物活动变得极其艰难。

南洋华侨们还向国内捐献了包括药品、车辆、服装以及飞机、枪械等紧缺的战时物资，据史料记载，在抗战初期，每日军火输入量都保持在 300 吨左右，极大地缓解了内地抗战物资上的燃眉之急。以药品为例，抗战期间国内急需金鸡纳霜（奎宁丸），出产地在爪哇，南侨总会发动印度尼西亚华侨购赠，一次就送来 5000 万粒。另以汽车为例，当时国内路上跑的许多卡车、救护车都是华侨捐献，不少车辆上都印有“××华侨号”“×地华侨捐献”字样。据统计，从 1937 年下半年至 1940 年初，华侨捐赠的各种物品，总数在 3000 批以上。

抗战期间，部分爱国侨胞踊跃回国投资，开发西南、西北资源，生产矿物、药品、食糖等战时急需物资，成为中国战时工业生产的重要支柱。如陈嘉庚等人筹资 50 多万元建立重庆制药厂，生产药品达 90 多种。马来西亚闽籍华侨王振相投资 70 万元，与国内合资在西南建立一家胶轮复制厂，不久就修复旧轮胎 1 万多个，为祖国节约外汇 2000 多万元。

除了经济和物资上的支援，成千上万的南洋侨胞，先后组建了前线、敌后华侨服务团，救护、运输伤兵的华侨救护队，还有在滇缅线公路抢运战略物资的华侨机工，在各条战线为祖国的抗战出力，有的甚至献出了生命。

其中南洋华侨机工广为人知。太平洋战争爆发后，援华物资运输只剩下滇缅公路这唯一一条国际援助通道。当时国内卡车司机匮乏，应国民政府西南运输主任宋子良请求，南侨总会发布通告《征募汽车修机驶机人员回国服务》，招募回国服务志愿人员。来自马来亚、新加坡、泰国、缅甸等地数千名华侨青年机工，组成“南洋华侨机工回国抗战服务团”分批回国，被派发到西南运输处各大队。槟榔屿筹赈会专门组织了汽车司机公会，负责组织和安排招募华侨机工，为机工补习文化，进行军事训练。一大批华侨，开着华侨捐助的卡车，运输着华侨捐献的物资，成为滇缅线上一道独特的风景线。至抗战胜利时，超过三分之一的华侨机工因翻车、伤病或日军轰炸等而牺牲。

他们都应该被人们永远铭记。父亲身处抗战的洪流之中，深深感受到华侨与祖国心连心，而团结互助是华侨在异国他乡唯一的生存之道。在此后的岁月里，当父亲逐步走向巨富之时，他始终没有忘记家乡的建设。

父亲参加过的捐款活动，就是义买。当时，抗日团体举办的义卖活动十分普遍，平时一顿几角钱的饭，可以卖到 5—10 元，一包花生米卖到 20—30 元，然后商家将这些收入悉数捐出。父亲买的一个纸花，就是一张纸简单折叠为花朵，卖主不定价，平日生活拮据、省吃俭用的父亲，却花掉 10 元钱买了一朵纸花，然后插在衣襟上。他看到身边有很多人都买了这种实际上没任何价值的纸花，走在路上，仿佛佩戴了一枚荣誉的勋章。看到父亲戴的纸花，四叔公对父亲投向赞许的目光。

四叔公经常四处奔走，为抗日活动筹款，有时会叫父亲跟随，因此，他还曾经历过一件有惊无险的事。

一次，四叔公与父亲前去马六甲呼吁筹款救国，一路畅通无阻，筹集善款也算顺利，事情偏偏在离开马六甲时出了差错。

那段时间整个马来亚人心惶惶，日军打过来的流言每日换着版本流传。英国方面除了象征性地修建防御工事，也在地区管理上进行了加强。道路设立治安管，交界设立审查办。虽英国政府目的为好，但偏远地区的部门将这次行动偷换概念，官方冠冕堂皇的回复是为了审查混入马来亚的日方间谍，其实际上是搜刮行人行李，豪夺行人财物。

四叔公早知马六甲设立道路警察，只拦豪车，只劫富人，只收财物，不留性命。于是四叔公与父亲搭乘火车前往，搭乘火车返回。却在去往搭乘归途火车的黄包车上，被两个英国警察拦下了。

警察并未严厉盘问，也未诉诸暴力，只不由分说地上前搜查。父亲意欲反抗，却被四叔公按住。世界战局正值混乱，这时强出头，怕会戴上反动的帽子。哪怕就让他们拿去，之后再去投诉。即使拿不回来，也比丢了一条命要好。

纸币用布包着，藏在四叔公的衣服的胸口内侧。未等警察搜索到身上，四叔公便把那个布袋子拿出来，交到警察的手上。

那两位警察大概是没见过这么主动的人，或许是没见过这么多的钞票。总之傻眼了，站在原处面面相觑，一动不动。未等警察表示，二人招呼车夫快走。那日早已入夜，天色昏沉，阴云蔽月，四野连鸟叫都没有。车夫拉了约 700 米，身后传来两个警察的呼喊声。

四叔公与父亲几乎心里同时一紧。暗说坏了，警察收到这么大的金额，怕是要杀人灭口，毁尸灭迹。车夫虽全力奔跑，却抵不过英国警察的摩托车，影影绰绰的身影逐渐变得清晰起来。

四叔公与父亲二人这时自甘认命，却不想连累车夫。本是出来辛苦挣钱谋生，怎能因素不相识的二人丢了性命。好在当时地处荒野，环顾四周，杂草树木错综复杂，隐天蔽日，一辆坦克进去都难寻踪影。

四叔公就让车夫钻进树林里逃命。为了拖延时间，父亲充当车夫，径直拉了数百米。两位警察追上，用英语说了几句话。那时父亲年纪尚小，又因拉车用力太猛，早已怕得神情恍惚，接连喘气，说的什么也没听清。

接着一位警察将原先的布袋交还给四叔公，并从自己警服口袋里掏了几张钞票，交到四叔公手里。这下轮到四叔公与父亲面面相觑。原来，他们知道两人是为了抗日筹款，也同样支持此等善举。后来，两位警察与爷儿俩，在阴森的黑夜里呼喊车夫，为此还延误了火车。

第七章　战时返乡

抗战爆发后，历经淞沪会战、太原会战、徐州会战、武汉会战四次大规模战役，日本妄图以三个月时间“灭亡中国”的图谋宣告破产，抗日战争进入战略相持阶段。

1937—1940 年，父亲家书不断，每次都随信寄钱，但家乡这边的回信却越来越少，几乎断绝，以至他已经不知道去信是否妥投。

到 1940 年时，日本改变策略为“政治诱降为主，军事打击为辅”，这使极端紧张的中国民间社会暂时得以缓和。

当父亲听说有轮船可以返回中国时，每日担忧家里状况的他，毫不犹豫地买了归国的船票。1940 年 11 月 29 日，父亲取道新加坡，从水路直奔厦门，途经同安，再往安溪。

当时，厦门已经沦陷，被日军侵占，而同安还在国民政府掌握中。父亲坐的轮船为了避免另生事端，在进入厦门水域时悬挂日本旗，离开日本人势力范围后再挂上中国旗。几番辗转，父亲终于抵达安溪老家。

虽然一别不过三年多，但都恍如隔世，亲人们尤其是我奶奶激动不已。

休息了一个星期后，父亲又重操旧业，继续当木匠。历经三年多的锻炼，他的木匠技艺更加纯熟。虽在战乱，但毕竟还有很多人家有做个木犁、置个桌椅的需求，父亲在归家 7 个月的时间里，还是做了不少活计。有家人的陪伴，生活温馨甜蜜，父亲内心也希望在乡村就此过上平静的生活。

但在 1941 年 6 月，父亲突然得知一个消息，一些从南洋返回老家探亲的人，被国民党“抓壮丁”带走了，随后生死未卜。父亲正值年轻力壮，如果继续待在家里，将很难逃过此劫。更加令人不安的消息是，国民党政府加紧了对于“出国证明书”的审批，当时新客已禁止出洋，出洋范围仅限华侨旧客，而泉州又出台了很多新规定，如规定回国以两年内为限，超过两年不准再出洋。

这些急剧变化的形势，打破了父亲在老家继续做木匠的可能性，而如果不迅速决定返回马来亚，也将永久与马来亚无缘了。

遇事不决问春风，春风不决问本心。在这个人生的十字路口，父亲权衡形势，迅速作出了将改变他一生命运的抉择：重返马来亚。后来父亲回忆这个决定时说，“这个抉择结果变成我人生的分水岭。我接下来在马来亚落地生根，开枝散叶，开始我新的人生之旅。”

虽在战时，但泉州并未沦陷，出洋照例要经国民政府审批。父亲先填写了一份申请书，经本地保长证明，再呈区署查验，然后由中南旅运社代为申请，历时将近一个月时间，父亲终于通过了出国审批。

以前福建下南洋几乎都是通过厦门出海，但此时厦门已被日军占领，只能另觅他途。摆在父亲面前的，是四个选项：一是走福州，从福州乘英国、荷兰商船转道香港出国；二是前往上海，再由上海乘船出国，上海的公共租界和法租界此时还未被日军占领；三是绕过厦门，走鼓浪屿，由此办乘船手续；四是搭乘由泉州港直航南洋的不定期外轮，当时太古洋行等英美荷几家公司仍在经营着前往东南亚的航线。

以上四种方式各有利弊。如果走福州、上海，相对安全，但路途遥远，不可预知的风险很多。而绕行鼓浪屿，则要冒着被军队截获的危险，甚至要乘走私船前往。走泉州的问题是票价高昂，而且轮船不定期，不知道要等多久才能等到前往新加坡的客货轮。

父亲选择了走泉州，他认为，相对其他路线，泉州是最安全的。外轮的票价虽然最高，但是可以大大降低意外风险，相对来说，也就节约成本了。再就是等轮船期间需要住客栈，但按照以往的情况来看，最多等两个月就可以等到。综合来看，如此周折最少，还是划算。

又是别离的时候了。1941 年 7 月底的一个早上，奶奶含泪把父亲送到码头。父亲紧握奶奶的手，以同样热泪盈眶的双眼望着她痛惜告别。

在蓬莱渡口上船后，父亲取道安溪南下泉州。船开动了，父亲望着岸上奶奶渐渐远去的身影，心里交织着对战乱的愤慨和无奈。今朝一别，不知何日能再相见。如果不是因为战争，他和家人该是快快乐乐在一起的。如今只身远行，了无归期，也不知道未来会有什么遭遇。面对茫茫的前途，眼泪不禁夺眶而出。

最遗憾的是，这次在码头一别，大约四年后，我奶奶便与世长辞，父亲无法见她最后一面。但正是如此残酷的命运，才让一个人内心逐渐强大起来。

父亲对此感叹地说："回顾那些波涛汹涌的日子，令我感叹人生无常，冥冥中很多东西好像都是天意的安排，只能随遇而安。当初我离开安溪数天后，日军加强对中国的控制，限制进出福建省的人流。倘若我当时优柔寡断，拿不定主意，肯定赶不上日军实施出入管制前最后一艘离开泉州的船，而永远扎根中国，那我一生的际遇也肯定会完全不同了。"

第八章　改造性格

总有这样一群人，他们担心自己的缺点暴露在阳光下，会让别人看不起自己，因而不敢表达自己，越是想表达自己就感到越害怕。过于计较得失，过于看重他人的眼光，这样的人，或许才华横溢，可注定不会有太大的成就。故而，要想突破，就必须思变。

彼时的父亲，一点都不像外表所表现的那样高大魁梧，反而是一个害羞的人。在马来亚打工几年，虽然长了不少见识，但仍然十分害羞、内向和敏感，常常会在人前面红耳赤。

父亲这样的性格导致他的存在常常被人忽视。长辈亲友们看在眼里，急在心头。他们担心这样的父亲在如此动荡不定的年代里很难有所作为，甚至担心他都不能讨到一房媳妇。

亲人朋友的话，倒是好心提醒，希望父亲得到成长，只是那些陌生人投来的鄙夷不屑的眼神，让父亲感到难过。这种难过中，甚至还夹杂着愤怒。然而，一心打工挣钱并沉迷木匠和建筑事业的父亲，没有刻意想办法去改变自己。可能是因为，这 20 多年来，他已经习惯了别人对他的既定印象。我们很多人也是如此，一旦形成“内向”的性格评价，就再也走不出自己编织的囚笼。

这次下定决心离开家乡时，父亲开始正式审视自己，绝不能被命运所掌控，是该有所改变了。当下他最应该做的，就是改变自己的性格。说什么“江山易改，本性难移”，他偏要做一个能掌控自己、改变自己的人。

有了这样的念头后，父亲开始变得乐观、积极起来，他觉得自己应该抓住机会塑造自己的性格。

在安溪老家的那段日子里，如果没有木工活，父亲就会独自一人去人迹罕至的山上。他对着树喊，冲着花草叫。当那些从来不敢说出的话从嘴里蹦出来的时候，他开心得像个孩子一样蹦跳了起来。

然而，真正要面对的人际交往，他还没有涉猎。他现在要做的，就是真正地面对面地与人交往，去畅所欲言，去把酒言欢，去实现真正的自我跨越。

第二次南渡，就给了他这样的机会。在此之后，他就脱胎换骨，焕然一新。与此同时，这种性格的转变，也使他在之后的数十载商海生涯里游刃有余。

父亲在抵达安溪县城后，发现陆续有两个人上船。为了向自己证明改造性格的决心，上船之后，他决定主动跟那两人搭讪。

父亲发现，那两人穿着黑灰色的中山装，看样子应该是政府高官，或者在某个高级单位任职。

到底应不应该上前打招呼呢？万一说错话得罪了人家该怎么办？

父亲进退两难，一双腿如同灌了铅般沉重。然而，那种骨子里的执拗又牵着他往前走。当他真正走到那两人跟前时，却又不知如何开口了，心中紧张万分，仿佛有万只小鹿在撞。然而，万事开头难，只要肯登攀。抱着这样的想法，父亲在深呼一口气后，挪开步子，向那两人主动打招呼了。

“你们也是要去泉州吗？”从这一句简单的问候开始，三人之间跨越阶层的谈话在愉快友善的气氛中拉开了帷幕。官员没有因为父亲是个“小木匠”而颐指气使，父亲也没因为对方是政府高官而妄自菲薄。

在交谈中，对方得知他是南洋旧客便颇尊敬地告诉他说，他们都知道南洋华侨为抗战捐款捐物，并且知道很多华人回来参战的故事。

聊天中，一位官员告诉父亲，就在他们蓬莱镇，有一位跟他同名的颇具传奇的人物——刘梧桐。刘梧桐最初在缅甸做生意，后来开办学校，抗战开始后，他参加了陈嘉庚倡导成立的南洋华侨筹赈祖国难民总会，募款源源不断地寄回中国。

刘梧桐在抗战胜利后，前往新加坡开办船务公司，拥有 5 艘远洋货轮，成为一位独资经营航海事业的巨商。这是后话。

融洽而和睦的聊天，完全出乎父亲的意料，使他明白，人与人之间相处的障碍，很可能只是一层窗户纸，彼此互不靠近，就会被隔断在两个世界，如果捅破了它，距离也就拉进了。一个友善的微笑，一句亲切的问候，竟然有这么神奇的破冰力量，轻易地就能把陌生人拉在一起，而真正的情感交织，完全可以脱离阶级层次、社会地位等方面的枷锁禁锢。

父亲事后才确定，那两人果真是安溪县的政府官员。在这7个小时的行程中，大家相谈甚欢，船到达泉州时，彼此已经像认识多年的老朋友了。

在泉州码头，父亲又遇上另外5位商人，他们都是那两位安溪官员的朋友。轻车熟路，父亲自如地上前打招呼并自我介绍。一席倾谈后，两位安溪官员还邀父亲共进晚餐。一路颠簸，他一直没有好好吃东西，这一顿高含金量的饭菜，让父亲回味良久。

能填饱肚子，给了父亲最唯物主义的教育。他深切体会到与人交往的重要性，使得他在以后的日子里，想方设法提升自己的交际能力，为成就事业打下了坚实的基础。

从蓬莱到安溪的一个小时旅途，是父亲生命中的一个关键转折点。多年后父亲回忆起那段旅途时感慨道，他庆幸有缘在那短短的旅途上，碰上机会反省过去，找出自己的弱点，然后自我挑战，成功地改造了自己的性格，也改变了自己的一生。

政府官员和商人的随和，使父亲悟出交友勿以贫贱作标准的道理，在身处马来亚60多年的岁月里，这样积极上进的价值观和原则让他受益匪浅。

1941 年 8 月底，父亲重返吉隆坡，到达后的第一件事情，就是向四叔和四婶问好请安，还热情地和他们聊家常。

父亲的举动，让亲人们惊喜不已，都说他的性格有了很大的改变，既会说话又懂得跟人打交道。

对于父亲的改变，最高兴的莫过于四叔公。他不仅赞许有加，叮嘱妻子炒了几道闽南家乡菜，跟侄子小酌了几杯，甚至在不久之后，直接提升父亲做了管工。此后，父亲与人交往的信心更大了，而他早已熟习多种语言，无论什么人都能打成一片。

第九章　一闯鬼门关

1941 年 12 月 8 日，日本被美国太平洋石油禁运后，冒险偷袭珍珠港，太平洋战争爆发。同日，日军发动马来亚战役。到 1942 年 2 月，新加坡、马来亚相继沦陷。从此，马来亚进入了 3 年 8 个月暗无天日的日本统治时期。

父亲返回吉隆坡是在 1941 年 8 月底。当时，日军的侵略行动已严重损害英美等国家的利益，这些国家联合对日进行经济制裁，如禁止向日本出口钢铁、石油等战略物资，冻结日本在美资产等。日本对东南亚丰富的石油、橡胶等资源早已虎视眈眈。

马来亚此时山雨欲来风满楼，英国殖民政府开始备战。为了监视日军战舰的行踪，英政府决定在槟城海边兴建一座瞭望台。四叔公标得这项工程后，安排父亲具体负责。

槟城是马来亚仅次于吉隆坡的第二大城市，扼守马六甲海峡北部，如日军从缅甸、泰国入侵，必然经过这一路线。情况紧急，刻不容缓。父亲即刻前往槟城，采购材料，安排人手，准备动工。

但此时时间已经到了 12 月，建造瞭望台的工程还没正式开始，就因战争已经发动而被迫中止。随后形势急转直下，英军一败涂地。

父亲匆匆赶回吉隆坡与亲人们会合，当地早已人心大乱，虽未被摧毁，但城市看起来摇摇欲坠。周边的邻居小贩接二连三地出走，寻找更安全的庇护。街区警察好像也听到了动静，出来工作只穿便服。部分居民勤练日语，只为有朝一日可派上用场，甚至保命。

到 1942 年 1 月 9 日，日军攻占吉隆坡。一时风声鹤唳，流言四起。日军掠夺、强奸、殴打及屠杀的消息铺天盖地地传来，每家每户不敢点灯，不敢起火，甚至连衣物也不敢晾晒。听到敲门声，还未开门就草木皆兵地痛哭流涕，磕头不止。

多数市民纷纷出逃避难，父亲也在其中。他随四叔、四婶躲到吉隆坡郊外安邦新村的一个橡胶园。场面说来极其壮观，黑皮肤、黄皮肤、白皮肤齐聚在一起，每棵树下都人头攒动。

一次夜晚，突然一声“日本人来啦”从某处传来，众人本就是惊弓之鸟，碰到这种情况根本没有任何理智可言。成批的队伍齐刷刷地往后夺路而逃，碰撞、摔倒、践踏、呐喊叫嚷一片，哭喊哀嚎不绝于耳。

这件事的真正原委，日本人没有出现，发言的人只是看到有人无意将灯点起，以为是日军的探照灯。一次让人啼笑皆非的乌龙事件，却因踩踏死伤十余人。

父亲的堂兄林景聪没有跟随他们到橡胶园避难，而是到安邦新村内一位柯姓老亲人的亚答屋去避风头。过了三个星期，枪声炮声明显减少，英国和日军经过谈判，局势也慢慢缓和了下来。父亲便去柯家找堂兄景聪。

戏剧化的是，刚刚到达，就赫然发现有二三十个装备精良的日军将整个村子包围了起来。现代化的装甲车碾在一块木板上，车身整洁如新，外观高大威猛，却抵不住一股破铜烂铁的气味。

父亲后来才知道，当时日军为了揪出抗日分子，设立机密处，奖励诱人。而这些日军就是因为有人告密，前来肃清抗日分子。

父亲虽然十分紧张，但装作无事的样子，施施然进了屋子。日军在各家各户大肆搜查，押派村民，而父亲却和景聪在桌旁喝起了茶。大概半盏茶的工夫，一个日本军官信步走来，一边打量房子一边警惕二人。

父亲不知害怕，竟神情轻松地邀请日本军官上座，并为军官倒了杯茶。倒茶的间隙，军官身后的士兵欲举枪喝令。而军官见父亲如此云淡风轻，不像一个等待抓捕的人，挥手示意士兵退下。而父亲的后背早已湿透，双腿不由自主地哆嗦。

军官说起日语，父亲与景聪双双不解，但从军官的动作与语气分辨，父亲猜想他的意思是要自己先喝，于是抓起杯子一饮而尽。

那茶刚刚烧开，茶水滚烫。热茶入喉，疼痛难忍。父亲感到身体一阵战栗，嘴巴仿佛被尖刀硬生生戳开，但仍坚持微笑着将空茶杯举起示意。景聪也随之效仿，军官这才将茶送进口中，缓缓喝下。

这时，一个手拿了十多本书的日本士兵押着柯先生走出来。坐着的军官指了指书本，又指了指柯先生，然后对父亲说了几句他听不懂的话。父亲只得猜军官是在询问书是不是柯先生的。父亲并未回答，只拿起笔砚在桌子上写了几个字，表示我不知道。

且不谈军官是否看懂，父亲的回答都不是他想要的答案。

事后父亲才知道，军官想要的答案其实很简单，简单到摇头、点头即可。点头就是承认，承认就是知道柯先生是抗日分子，但拒不上报，就是窝藏抗日分子，所以要杀头。

摇头就是否认，没有不知道、不清楚、不了解的含义。但物证人证俱在，否认是垂死挣扎，所以也要杀头。军官猛得用手指指节在父亲头上敲了一下，又转头逼问柯先生书的来历。

这时室内加上室外一共四把长枪指着在场的人。父亲吞吞口水，感到口腔与喉咙一阵刺痛。父亲听到一个声音粗壮的男人被押上车，男人意图反抗，日本士兵猛烈砸了几下枪托就晕了过去。又听到一个女声的凄惨嚎叫，叫了几声，声音也戛然而止。

仿佛时间静止了很久。在这对立僵持的关键时刻，柯先生点头承认书是他的。结果被毒打一顿。日本人下手狠毒，直击要处。一顿毒打之后，就几乎要了柯先生半条命。打过之后，军官又命令奄奄一息的柯先生将书顶在头上，由士兵用枪尖抵着推上军车载走。显然他是因为拥有那些书而被认定是抗日分子。

父亲那年 24 岁，身材健壮高大。起先的喝茶并没有获得军官的好感，反而处事不惊的态度引起军官的怀疑。军官打量片刻，也认定父亲是个抗日分子。一声令下，父亲被几个士兵毒打一顿。枪托狠狠地砸在父亲的头上，父亲登时感到头晕目眩，仿佛世界都在震颤。

打过之后，日军也准备将父亲推上军车。父亲深知此次一去凶多吉少，极力动用自己的肢体表演能力向他们解释。日军大概见过太多死中求生的人了，他们非但不予理会，反而开枪将邻居的一条狗打死，并把枪移到了父亲面前。父亲知道，下一次再开枪，子弹就在自己身上了。

看着军车那个漆黑的货箱，父亲第一次感到了怕，那里仿佛是个深不见底的深渊，只要进入便一坠不返。紧急关头，急中生智，父亲灵机一动，在纸上用中文写上自己是从吉隆坡来的。他明白，这是背水一战，如果不能成功，那么可能就失去活着的机会了。多亏老天庇佑，一个士兵看了他的字条，居然明白了意思。士兵问邻居，父亲是否是村里的人。父亲命不该绝，村里的人仗义执言，说是逃避战火而来的，并非村里的村民。士兵伫立片刻，竟然大手一挥，将父亲释放了。

父亲回家后，被口腔溃疡折磨了整整两个星期，两个星期后才能正常吃饭。只是再也不喝热水。

父亲在之后的日子里，常会想到柯先生走向军车的画面。这也让他心有余悸，此次在鬼门关前走了一遭，如果当日被推上军车载走，无论即刻处决还是审问判决，后果肯定不堪设想。在日占时期，如此被日军载走而一去不返的群众有三四千人。

第十章　二闯鬼门关

1939 年，由音乐教育家夏之秋所带领的中国武汉合唱团到吉隆坡演出，筹款赈济灾民，作为抗日活动之一。

那时太平洋战争尚未爆发，马来亚尚且安定，很多人为此印刷了不少抗日歌曲支持筹款。当时让父亲记忆深刻的，还属《歌八百壮士》，歌曲背景为壮烈的上海四行仓库保卫战。未听歌曲，只听背景，便让众人感动到落泪，纷纷捐赠款物。

四叔公林模瑾也是抗日积极分子，武汉合唱团到吉隆坡期间，募集筹款、众志抗日的印刷品需要分发，他积极参与，后来形势紧张，这些印刷品来不及散发，就藏在了家中。

父亲经历了柯先生家里发生的事情后，就立即想到了四叔公全家与他个人的危险处境。父亲想起，四叔公以前做过不少抗日宣传，家里肯定留有一些与过去抗日活动有关的文件。

正值敏感时期，日军是真刀实枪的围剿与肃清。父亲不禁满身冷汗，性命攸关之事，非同儿戏。如果日军来搜查，查到有关物证，那么父亲与四叔一家都难逃厄运，等待他们的必是一死。

父亲便立即与他堂哥林景聪马不停蹄地赶回家里。那时吉隆坡四处破屋残垣，硝烟四起，路上横亘着一棵棵烧焦的大树，地面上处处血迹，看起来惨不忍睹。

两人到家后，立刻采取行动，叫来四叔公的儿子成发和女儿景平，一起搜索。关乎性命的大事，众人在搜索上可谓精细入微。从房檐到床板、从衣柜夹角到花坛深处，每个地方都仔细搜索。果不其然，搜出几大包与抗日活动有关的文件。

四人翻出后双手不停发抖，文件也如烫手山芋接连掉在地上。并未统一处理，景平眼角湿润，嘴唇颤抖，找出一张便烧一张。一股无形的压力慢慢变大，不停地向他们压迫而来。

好在一番处理后，有关资料、纸张、书籍都被焚烧干净。闻着屋内焚烧后的烟味，四人呆坐在房间内良久。随着景平的小声抽泣，父亲才恍然明白，这大概是死里逃生。

翌日，四叔公果然被人举报，整整 30 个日本士兵把四叔公的家重重包围住。搜查了三四个小时，除去一些带有中国字的的锅碗瓢盆，日军一无所获。有个鼻子扁平、细眉大眼的日本军官剔抽秃揣地看看父亲，接着猛地抽了父亲一个耳光。父亲早已圆滑通透，强忍着口中的疼痛，笑着为军官递烟。日军见搜查与挑衅均未果，才悻悻离去。

过后众人才发现，在匆忙的搜索过程中，他们遗漏了一箱藏在地板下的抗日文件。好在文件藏得较深，即便是拆屋毁房的日军也没有发现。庆幸之际，又是一阵后怕，如果被日军发现，后果不堪设想。

这是 1942 年吉隆坡春天的光景，父亲知道这是第二次闯了趟鬼门关。

日占时期的经验经历给了父亲很大的启示，也让他的整个人生观有了彻底的改变。日占结束后，与家人聊天说起此事，父亲总要说:“我两天里闯了两次鬼门关。”

第十一章　一生一爱

父亲年轻时

日占时期的回忆并非全是苦涩，在这期间，父亲收获了爱情。

父亲年轻时常常认为自己是个对爱寡淡的人。一次与朋友出去，在街上看到一位容貌姣好、仪态万方的女士，脚穿一双圆头黑色高跟鞋，红色旗袍将身线凸显得绰约多姿。朋友不禁连连感叹，将世间的美好与这女士联系在一起，而父亲的注意点却只在鞋上。

日占初期，父亲跟很多人一样，逃避到乡下，以种菜为生。农耕生活清苦枯燥，且一眼就能望到头，很明显没有前途。如此 8 个月后，形势逐渐稳定，父亲决定做点小生意。

好在有了之前在家乡做小买卖的经验，父亲上手极快。每天骑着脚踏车，载着茶叶、万金油与其他货物，在吉隆坡四野八乡内穿梭，沿门逐户叫卖。生意不算稳定，且不可抗力较多，并不赚钱。但也比种菜强多了。

有了一点积蓄后，父亲改行商为坐商，在吉隆坡半山芭开了一间五金店。店面虽小，但也“五脏俱全”，靠着勤奋和这么多年与人打交道的经验，生活逐渐有了起色。

隔壁住了一个李姓人家，来自福建福州，算是同乡。李家有女初长成，十五六岁已身姿婀娜，亭亭玉立。父亲与她初次见面就心中一紧，脸耳瞬间绯红。几乎是传说中的一见钟情，父亲就这么喜欢上了我母亲。

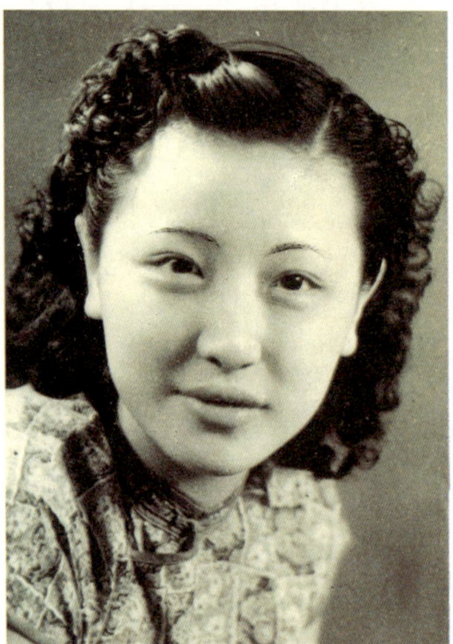

母亲年轻时

或许父亲当时根本不敢想象——这位美丽的女人，将来会成为他的妻子，和他一起养育了 6 个孩子。

当晚入睡，父亲脑海里不停浮现我母亲的身影，高挺的鼻梁与清秀的面容，巧笑倩兮的悦耳声音，都让父亲深陷其中，难以自拔。那时住的房子窗户很矮，并且玻璃十分劣质，一关门就会颤巍巍地晃动。那天大概是晚上 11 点，父亲跑到我母亲的窗下，抬手敲窗，里面传出一声询问，好听的声音带着几分惊慌。

后来父亲反复确认当天细节，最终得到的结论是那天她并未开窗。隔着一层弱不禁风的玻璃，母亲告诉他，自己叫李金花。仿佛一夜之间，对爱情这个字眼极为陌生的父亲开始追逐爱情。

在当时娱乐方式并不广泛，甚至可以说几乎就没有什么娱乐方式。父亲要约母亲出来，又没其他地方可去，于是他们第一次约会的地方，就在父亲的五金店里。

父亲与母亲有年龄差距，哪些东西能聊，哪些东西不能聊，他是没办法判断的。谈恋爱不像做生意，做生意虽然也需要人情往来，但最重要的是排列有序、层层分明的合同，可谈恋爱除了喜欢，就什么也没有。

他们在父亲的五金店里进行算不上聊天的聊天，母亲问父亲是哪里人，父亲问母亲祖籍是哪里。实际上这些情况事先就已经知道，但提问与回答都万分诚恳。

父亲偏爱看她的眼睛，清澈明亮，炯炯有神。常常看着看着就分了神，好不礼貌地直直注视。李金花的脸颊便会绯红，羞怯地低下头去，装作看柜台内的平口螺丝刀。

这样的约会经历了几次，他们也都不再拘谨了，但心照不宣的脸红也是常有的事。父亲会向她介绍所售卖的商品，从螺丝刀到扳手，短锯到斧头。一次向她介绍起锁，锁的材质与形状大致都相同，能从外观区分的只有大小。

父亲说："每把锁只给一把钥匙，这是因为和冯锁匠的业务往来。买锁的人肯定需要多把钥匙，去冯锁匠那里配锁，冯锁匠就会给我提成。"父亲含情脉脉地拿出一把钥匙递给恍然大悟的母亲，那是五金店的钥匙："我的钥匙有两把，这一把你可以拿着。"其实这把锁是给五把钥匙的，但我母亲拿下了，父亲也把母亲"拿下"了，他们开始了恋爱。

恋爱的过程中父亲很开心。时过境迁，岁月如梭，在父亲耄耋之年时，仍旧为那时的爱情感动。

母亲的厨艺很好，她经常从隔壁端着她亲手做的菜，得意地看着父亲狼吞虎咽地大口吃完。母亲的拿手菜为"咸菜汤"，口感独特，美味动人。但母亲总会说："这是为我的丈夫所准备的菜肴，而作为他们的孩子也可也一起享用。"可见母亲对父亲的关爱。父亲的夸奖不遗余力，从皇家级别到国家级别。夸到没词夸了，就连连赞叹好吃，我母亲对于这样的成效十分满意。有次父亲吃完继续赞叹，我母亲说要一辈子给父亲做饭，父亲感动得一句话也说不出来，把碗底舔了个一干二净。

晚上店面关门，他们就会出去散步。当时周围环境不好，并无路灯，他们就十指紧扣，一直走到底。聊的天也是之前聊过无数次的话题，有时说到某事，他们会异口同声地说出来，接着哈哈一笑，手扣得更紧了些。

恋爱谈了三个月，三个月内他们摸透了各自的脾气。我母亲用那把钥匙开了很多次的锁，父亲也吃了很多碗饭。一天父亲对母亲说："我想让你到我家来做饭。"母亲的脸更红了，但没有逃避，认真地看着父亲，点了点头。

父亲壮着胆子向我的姥爷提亲，姥爷其实也很喜欢父亲这个小伙子，心里早就同意了。但认为当时只有16岁的母亲年纪尚小，不宜这么快结婚，应该再过些年，双方也再磨合磨合。所以姥爷的意见是，若先订婚，再过一两年后才结婚就更理想了。但当时的政治动荡，又经父亲多次请求，姥爷不得不重新考虑。何况，当时无论在中国，还是在马来亚，早婚是普遍情况，十五六岁女孩子结婚的比比皆是。

父亲已有事业，略有经济基础，并在社会混迹多年，为人处世被人认可。最重要的一点是当时整个世界都被战争的阴云笼罩，不安和焦虑在每个人的心里蔓延。姥爷怕母亲处在乱世不安全，各方面衡量下来认为父亲是一个值得托付的人，就答应了他们的婚事。

在1944年，26岁的父亲成亲了。婚宴定在吉隆坡半山芭的一家金陵酒家内，只摆了3桌酒席款待至亲，省去了娱乐、发言、祝贺的流程。落座、敬酒、吃饭、聊政治、谈战争，结束后他们得到了所有亲友的祝福，成了夫妻。

婚后的日子愉快满足，搬家只花了10分钟，母亲就来到了父亲的生活里，成了他生命中最重要的人之一。他们一切照旧，店里的生意时好时坏，但也有闲钱能添置衣物，偶尔吃上一顿西餐。父亲年轻时使不惯刀叉，虽说正值精干强壮，搬货物力大无比，却因不能灵巧用力在刀叉上吃了瘪。我母亲就会将牛肉小块小块地切好，再与父亲换盘子。

母亲对父亲十分尊重，并且能把关系运转得极其完善。父亲觉得这是很可贵的，她能够理智，也能够感性，能够深沉，也能够淘气，能够让父亲意识到她是真正为他着想。

一次深夜，正要入睡时，母亲突然问起父亲老家的生活。父亲当天因琐事烦心，无意讲述，只想敷衍了事。几乎是母亲问一句他答一句。问到我爷爷时，我母亲忽然落泪，悲不自胜地掩面哭起来。这一变化让父亲手足无措，连忙去哄。

结婚后的日子母亲帮着打理店面，支持创业。虽然父亲那段时间奔波忙碌，但每当回家后看到母亲，原本疲惫的身体有了力气，挫败感也随即消失。

我母亲为人正直，生性善良，通情达理，绝不占小便宜，并能够在随时可能发生纠纷的社区里灵活自如。每每出门，就会听到邻居们对母亲的赞扬。他们都知道，在父亲一生中，这是他最大的宝藏。

母亲陪伴父亲直到最后，她也是父亲一生唯一的妻子和爱人。

父母的结婚照

第十二章　幸福家庭

到老年时，父亲深感欣慰的是，母亲共为他生了 6 个子女，子女们又开枝散叶，到如今已添了孙辈 22 人和曾孙辈 19 人。可谓儿孙满堂，人丁兴旺。

20 世纪 40 年代中期，政治动荡的时代即将结束，百废待兴，对父亲来说，也各处都是商机。父亲结婚后没过多久，就经常出远门寻找生意，家都靠母亲维持。我母亲年纪虽小，但把家务处理得井井有条，使父亲无后顾之忧，能够把全副精力放在创业上。

因当时战乱刚停止，各方势力又揭竿而起，一时间吉隆坡仿佛是个拉力擂台，你方唱罢我登台。劫财劫物是常有的事，取人性命也屡有发生。所以父亲尽量白天活动，晚上无法回家在旅馆居住时，总要给我母亲写封家信。

虽是家信但无须邮递，父亲回家后拿给母亲即可。奇怪的是父亲年轻时也不擅浪漫，但几封简短的随笔家信就能看得母亲脸红如桃，乐不可支。

母亲本是一位性情温和、温婉如玉，几乎有求必应的母亲，在这家信上却坚决不让半步。即使孩子撒泼哭闹要看，也绝不允许。我的大姐秀丽便常常撅起小嘴，说母亲太过偏心，父亲肯定写了他们，却一眼也不让看。母亲这时会笑着说："没有写给你们的，都是写给我的。"

那些信我母亲多数在晚上读，有时读到笑容满面，有时读到泪眼婆娑，有时读到天光大亮。一次父亲外出而归，又将几封信塞进母亲手里，母亲拉住拿信的那只手，动容地说："你给我写信，是不是在说想我？"

回想起来，那段日子对父亲和母亲来说，是一段辛苦又满足的日子。1945 年 9 月，第二次世界大战终于结束，日本无条件投降，我的大姐秀丽也随之出生。此后，其他的孩子：二姐秀莲、三姐秀琼、四哥致强、五哥国泰和我——致华，也接踵而来。父亲为孩子取名，认为女儿要像我的母亲一样，耳聪目明，落落大方。而男孩谁也不要像，要活出自己，不能忘本，茁壮成长。

我在 1954 年出世时，中华人民共和国刚刚结束阅兵仪式。天安门广场人声鼎沸，茨厂街也热闹非凡，来自祖国各地的人们都在用不同的方式为祖国庆贺。父亲心中感动，感慨万千，认为我的出生是一份礼物，于是为我取名——致华。

父母与我们六个子女全家福

那一年我们一家八口住在新街场一间租来的小房子，房屋破旧，下雨时厨房会出现连排漏水的奇观。但我们不觉艰难，反而苦中作乐，也连排站在下面用嘴接水。尽管房子是那么简陋，生活也不富裕，我们还是过得很愉快。

让父亲感到自豪的是，虽然孩子们的年纪跨度比较大，生活条件也并不宽裕，但我们兄弟姐妹十分和睦，礼让有加。这多亏了我母亲的潜心教导，将上一代的优良品质传承给了孩子。

在我小时，常常会在吃过饭的傍晚听母亲讲些趣味故事。有时是街头巷尾流传的儿童读物、有时是身边发生的奇妙轶事、有时则是母亲自己构思出来的故事。直到我长大，母亲这些故事仍旧历历在目，让我记忆最深刻的是母亲那句“努力做事，别走捷径”。这句话在之后成为我的座右铭。

父亲在我们小时，常常会让我们聚集到一起，玩一个带有奖励性质的小游戏。奖励大多是零食，但我们最期待的还是母亲的一顿美味菜肴。不管最终谁赢得了奖励，家庭的每个成员都会吃上一口，家庭氛围其乐融融。所以父亲在致儿女信上，骄傲地写过这样一段：“你们善良、勇敢、无畏、自立、坚强，旺盛成长，这是最好的你们。”

关于家庭，父亲最大的遗憾是我的奶奶。父亲返回吉隆坡后，太平洋战争爆发，基本就跟泉州老家失去了联系。偶有家信，也要在路上走过很久日月。在春暖花开的三月，家信描述的却是秋天的事。但父亲一直保持着每月一递的习惯，既说说生活趣事，讲述孩子生长，问候家人身体。最重要的，是汇报自己一切都好，切莫挂念。

父亲婚后第二年的四月，某一晚，我的母亲做了一个梦，醒来便深皱眉头，不得其解，她梦见我的奶奶批评她烧的菜不好吃、没味道。第二天一早，母亲就问父亲："你母亲的样子是不是长得白白净净，脸型稍瘦，看来像观音娘娘那样？"我母亲从没见过我奶奶，父亲也从未给她形容过奶奶的容貌。但她却能准确地描绘出奶奶的样子，让父亲觉得不可思议。

虽然事情奇幻，但当时父亲除了觉得迷惑之外，根本没想到这个梦可能是个凶兆。那月家信中，父亲将母亲所梦之景与母亲对奶奶的形象描写写进信中，感叹人之奇妙，冥冥牵引，想回家探望的心思又重了些。

事过半年，父亲收到家乡来信，信中说我的奶奶已在同年四月病逝了。噩耗传来，父亲如被雷击，简直是晴天霹雳。父亲回忆起 1941 年告别奶奶的那天，当时天气异常差，码头船鸣如诉，正值仲夏，却白雾弥漫如同梦境。父亲宽慰奶奶，答应一定会回去看她。可惜事与愿违，父亲还未能履行自己的诺言，奶奶就永远离去了。

父亲悲痛之余，想起同在四月里母亲做的怪梦，脑海里浮现奶奶的身影。母亲得知奶奶去世的噩耗后，也悲泣不止，自责没能把饭菜烧得再可口些。父亲宽慰母亲说，奶奶托梦，是她的在天之灵仍然惦记着她在异乡的孩子，而尝试与他取得联系。

奶奶去世后，父亲一直感到“子欲养而亲不在”的歉疚，他将奶奶的一张照片放大，摆放在卧室和办公室内，日日得见。

耳濡目染让我们兄弟姐妹也拥有了一个良好的品行，同时也让我们明白，父母带给我们的一切，都是无以回报的。

父亲常常要说：“老天对我的恩赐是庞大的，是无法回报的。让我有幸有个爱我、关怀我的慈母，还有个贤惠、体贴的太太，一群知恩明义的孩子，与我在漫长的岁月中同甘共苦。”

家庭是父亲一生里最得意的经营，这大多源自我的母亲李金花。母亲节俭持家，让他在外拼搏回来时有个温馨、舒适的地方，可以把一切外界的烦恼抛在脑后，憩息和享受天伦之乐。

母亲最了解父亲，也最相信父亲，从来不干涉他在外的一切事情，只专心把家庭照顾好。可是当父亲面对生意和钱财上的问题时，母亲总是毫无怨言地和他分忧，给他鼓舞及支持。

因此，他们之间很少发生争执，一路走来父亲都能安享宁静、快乐的家庭生活。

就算在创业期间最忙碌的时候，父亲也不会忘记抽出宝贵的时间与家人共享天伦。他认为一个人的事业固然重要，但一个温馨、和睦的家更重要。

男人外出创业，早出晚归，抑或数天奔波，会引起另一半的警惕。没回家的时候吃了什么饭、在哪里睡觉、合作伙伴是男是女，都要仔仔细细的盘查清楚。而我的母亲却从不过问。

但在这一点上，倒也不是不完全放在心上。

一次父亲去往别的城市谈生意，结束已是凌晨，便未写信，沉沉睡去。回到家后母亲见父亲没有交给自己信，又见父亲神色正常，与我们兴奋玩闹，才断定这男人指定是忘了。母亲不禁有些情绪，但并未坦露，只是在父亲碗里多放了一勺糖。

当天吃面，父亲属实也怪，吃相极香，一大勺糖硬是没有吃出味来。母亲于心不忍，抢过父亲的碗便去厨房调味。饭后洗漱，我的母亲在房间桌子上发现一封信，信上写着："今日无话要说，只是很想念你。"

我母亲常对我们说父亲是个怪人，素来不喜情话，不搞形

父母与我们六个子女全家福

式，却总能让自己感到浪漫。

在父亲的自白中，说起家庭总是会笑。这么多年，他一直觉得自己占了便宜，承蒙老天关照，孩子并无任何疾病，相处管教也极为容易，过往的几十年每天都能听到欢声笑语。而我们兄弟姐妹六人也没辜负父亲的期望，各有建树，生活稳定，成婚生子，稳定自在，平安顺遂。

父亲对我们兄弟姐妹六人一律平等，从不偏爱哪个。从小时，他就教育我们要懂得和睦相处，要学会尊重他人，要懂得节制，如果是不合理的要求，他就断然拒绝，并教导我们如何与人相处。这些教导，让我们一生受益无穷。

第十三章　泥机交易

战后，父亲的第一笔“大生意”，是二手泥机交易。泥机，在中国通常称为挖掘机。它在工程建设领域几乎是一种万能机械，水电、矿山、建筑、交通等各个领域都常见它的身影。在需要大量工程建设时，它的需求量也会激增。

“二战”结束后，日军败退，英军重返马来亚。由于战争带来了较大的破坏，英国政府为了重建公共设施，带来了大批各种各样的机械，如吊机、推泥机、混凝土搅拌机等。几年后，当各种重建项目都相继完成时，这些机械就以投标的方式售卖给民间。

这时，战乱时期废弃的矿场和胶园也纷纷重开，尤其是锡矿场，对重型机械的需求殷切。父亲抓紧这个黄金机会，从英军军部买进了不少旧机械，然后把它们翻新、髹以新漆，再以两三倍的价格卖出去，利润非常丰厚。这还要得益于父亲在日占时期开了个五金店，对于五金、机械的翻新、加工甚至检修，都有一定经验，尤其是有比较深厚的五金行业人脉资源关系，机械如果缺个什么小零件，也能很方便买到。

二手机械生意基本就是靠强大的信息获得能力，而这些信息又没有报纸网络可以查询，只能靠自己走动、打听得知。所以父亲为了竞标机械五金，经常长途跋涉，大多数是去新加坡。购得的货物，大部分以火车运回吉隆坡，处理后再转售出去。那时，整个马来亚只要听说有招标售卖机械，几乎都有父亲的身影。

东奔西跑的生活是非常劳累的。很多时候父亲得披星戴月地赶路，但是父亲深信，世界上没有不劳而获的东西。创办事业，一分耕耘一分收获，要肯付出才能有成果。

1951 年时，父亲听说新山空军机场（新山现为柔佛州首府）和新加坡空军机场几乎同时招标售卖旧泥机。新山售卖的泥机一共是 12 辆，父亲以总价 11 万元的价格中标。

父亲当时手上全部现金加起来，也只有七八万元，如果马上履行合约，就差一大截的钱。而如果不能及时付款，以后就会被加入黑名单，再也没有机会投标了。

父亲之所以有底气投标，是因为他在这几年的交易里，已经谙熟售卖流程，知道从中标到交易，还有个时间差，而在这个时间里，可以找银行贷款或者找朋友借款。虽然存在风险，但父亲认为，做生意必然要冒风险，关键是风险可控。

这时，一个跟新山军部有联系的朋友告诉父亲，第二标的价格只是 6 万元，叫父亲上诉要求减价。

父亲知道这个信息喜出望外，马上向当局提出上诉，要求把泥机的标价减至总价 7 万元，理由是下标时，他误会所有 12 辆泥机都是油屎车（柴油车，马力更大），到后来才发觉原来只有一辆是油屎车，其余 11 辆都是汽油车。父亲的另一个意图，是想拖多一些时间便于筹齐付款资金。

由于父亲上诉的 7 万元价格比新山军部所规定的 10 万元底价还低，有关当局无权作决定，必须将上诉呈英国总部审批。英国总部花了足足两个月的时间才批准了上诉。这对于父亲又是个意外之喜。不但筹集了足够的履约资金，总价还大幅下降。

在以后的岁月里，父亲都坚信，并无确定不可改变的规则，规则是人创设的，是为了实现某个目标而制定的，只要自己提出的要求有理有据，并有助于实现政府的根本目标，就可以进行谈判。

泥机运回吉隆坡后，父亲在 3 个月内就找到了买主。其中两辆是卖给一间由英国人经营的油厂，售价分别是 5 万元及 3.5 万元；另外两辆则以 11 万元卖给甘马挽的一间铁矿场。仅卖出 4 辆，就已经是买价的三倍了。

稍后，新加坡樟宜机场亦有 14 辆旧泥机要招标。父亲在当地的一些朋友因对旧泥机买卖都外行，所以叫他与新加坡五金商公会合作，以后者的名义进行投标，而实际上是由父亲具体承办应标事务。

随后，五金商公会以 7 万元的总价格得标。这次与在新山投标的情况有别，得标的价格比底价要低，所以军部也得将个案呈上英国总部审批，两个月后才获得批准。成功得标后，新加坡五金商公会又将这批泥机略为加价转给父亲。很快，父亲就把这 14 辆泥机中的 8 辆以 30 万元总价出售给八打灵（指八打灵再也，吉隆坡最早的卫星市）一位承包商、一家锡矿场、一家铁矿场以及马来亚矿务公司。

那时，五金商都喜欢用某某记或某某号作为他们公司的名字。圈内耳熟能详的名字包括隆记、金记、合记和泰和号。父亲也不例外，为自己的公司取名发记。这个名字后来在当时的旧五金业中也算是个响当当的字号。

然而有一天，一位同乡对这个名字有不同的看法。他认为发记这个名字虽然意头好，但是要在商场上大展拳脚，成为数一数二的大公司，最好还是换一个比较适当的。

父亲觉得言之有理。于是在 1951 年，父亲正式成立本身的家族工程公司时，就为它取名建发有限公司。在往后的日子里，建发崛起成为马来西亚一家颇具声誉的建筑承包公司，所经手完成的大工程中，有不少创下了纪录，为同业所津津乐道。

在那段时间里，父亲已经逐渐积累起了一定的声望。比较有说服性的一点就是，父亲当选为雪兰莪五金商公会的会长。这说明父亲已经通过在废铁与二手机械买卖生意中累积经验和资本的一个普通商人，成长为马来亚小有实力的华人企业家之一。

第十四章　转型矿业

1953 年，父亲卖给柔佛州峇株巴辖铁矿场的两台泥机，一共 5.3 万元，对方因为经营不善无力付款。一位股东向父亲坦言，企业经营困难，无法付款，建议父亲采用“债转股”的方式，把那两台泥机的债权转为矿场股本。

对于一般的商人来说，既然已经发生了经营困难，这样的陷阱是绝对不会再跳进去的。而父亲是一个好学多思、从不自我设限的人。他认为二手机械交易就是一时的生意，不可能长久，有新的业务当然要去尝试。

是否要做矿场股东，父亲认为关键在于矿场是否有价值。他经过对矿场的实地考察，并且邀请专业人士进行初步勘察和估算，发现这个矿场铁苗蕴藏量仍然有 500 万吨，值得投资，于是就在抵扣泥机设备款之外成又追加了 1.2 万元，正式成为股东。

这个矿场的 4 位股东都是新加坡人，其中一位是方燕山先生。方氏家族后来以经营亚洲摩多汽车行闻名一时，方燕山后来也成为父亲的商界好友。

父亲加股后不久，方燕山先生因一些原因要求退股。他开价 10 万元，并要求抽取 10% 的矿权费。其他 3 位股东有意买下他的股份，但资金不足，于是就飞来吉隆坡邀父亲与他们合资。父亲认为 10 万元的索价和 10% 的矿权费太高就拒绝了。父亲认为，方先生当初只是出了 5 万元，应该可以接受比较低的售价。他们听了就委派父亲做代表去新加坡与方先生商谈。最后，方先生答应以 6.5 万元将股份卖给父亲，矿权费也减为 5%。父亲当天就付了 5000 元给他作定金，并和他签了合约。

第二天，当父亲仔细再看这份合约时，发现里面并无规定什么时候需要把余款付清。他灵机一动，决定先到日本去看看是否能为铁苗找到出路。父亲的盘算是，如果此行找不到出路，就宁可壮士断腕，舍弃那 5000 元定金，取消合约，减少损失。

那是父亲第一次独自飞去日本，当时他 35 岁。在飞机上，坐在父亲旁边的一个搭客告诉父亲，他是去日本找他的姐夫墨先生。说来真巧，到机场接那搭客的墨先生也就是父亲要找的墨先生。墨先生讲得一口流利的日语，答应当父亲的通译员。

父亲去找一家日本铁矿公司。开始时，他们的总经理不肯见父亲。说华人不会做铁矿生意。父亲不气馁，每天到他的办事处去。最后他被父亲的诚意打动，答应见了。父亲开出条件，要他派4个铁矿工程师到铁矿去考察3个月，机票及他们每人每个月1500美元的工资由父亲负责。日本公司也口头上答应给予父亲一笔4亿日元的贷款支持开采。

父亲对对方的慷慨口头承诺并不寄予厚望，因为他知道当时日本的外汇管理很严，4亿日元的贷款是不可能的。于是父亲就提出建议，要求他们先支付4个工程师的工资与机票，父亲则负责他们在马来亚的膳食。最后双方成功达成协议。

父亲在日本逗留了48天，总算有了初步成果。那4个日本工程师来马勘查后，证实了铁矿有极丰富的铁苗蕴藏量。

日本回来后，父亲满怀信心，积极招募新股东以筹得充裕的资金，在矿业大展拳脚。招募的对象包括雪兰莪五金商公会的理事。在一次理事会会议过后，父亲向出席的人士提出自己的建议。

父亲告诉他们有关铁矿的丰富蕴藏量及其盈利潜能，只需投资30万元，铁矿就能每年生产大约40万吨的铁苗。以每吨10元的利润计算，公司每年可以赚取400万元。

在场的人士很明显地都对父亲的一番话表示怀疑。投资30万元就可以每年赚得400万元？如广东人说，哪有这么大的田鸡满街跳！下楼离开五金商公会时，有些人还说父亲是傻子。父亲心里想："他们说得对，我就是喜欢做'傻事'。"

找不到新股东的支持，父亲决定和其他的股东商量。征得他们的同意后，父亲尝试游说方先生不要退股，并献议取消两人之间的合约，组织一间名叫马来亚矿务公司的新公司，由他出任主席。经过一番游说，方先生终于接受了父亲的计划。

在重组的公司里，父亲的投资增加到 7 万元，包括先前投入的 1.2 万元现金，由泥机欠款转为股份的 5.3 万元及方先生退回的 5000 元定金。较后，父亲把投资额再提高到 11 万元而成为公司的最大股东。方先生也随后把他的股份从 5 万元增加到 9 万元而成为第二大股东。

过了一段时间，公司终于找到了一个愿意承购公司 30 万股的新加坡米商。但是他开的条件是：他在董事部里占两个席位，即财政与董事；他投资中的 20 万元须由一家银行担保。他的条件遭到方先生的反对。为了此事，他恫言退出，但其他股东不接受，最后方先生才让步。米商终于加入了，不是单独一人，而是连同 31 个其他的股东，每人认购数千元，凑足 30 万元。

重组后，公司共拥有 80 万元资金，8 位董事，父亲则出任总经理。一切准备就绪后，开采活动就正式开始了。此后，父亲又飞往日本两次成功把合约签下来。

一切都似乎进行得顺顺利利的，但是第一次出货时出了状况。当船从日本抵达装运第一批 7000 吨铁沙时，公司因没足够的运载设备而无法准时下货，导致船在码头空等。一些董事提议叫船先开回日本，父亲坚决反对，认为此举会让日本人对公司失去信心。更好的处理方法，是就船运的延误向对方提出合理的赔偿。最终，在大家同心协力之下，只耽误了 5 天，就把 7000 吨的铁沙下完了。

这个铁矿果然为公司赚了不少钱。头两年，每年的盈利都超过 300 万元。随后的盈利都保持在四五百万元，比当初估计的还要多。总账结算下来，公司总共赚了 5000 多万元，比父亲预期的 3500 万元还高。那些当时怀疑父亲和叫他傻子的人都没话好说了。

旗开得胜，使父亲对铁矿业的投资更有信心。大约在 1962 年的时候，父亲已经拥有两个规模庞大的铁矿场，一个在柔佛的武吉堆，另一个在柔佛的昔加末。像第一个铁矿场一样，它们在 1967 年开采完毕时，总共为父亲带来了千万元以上的收益。这些资金在父亲进军其他商业领域时给了很大的帮助。

开采锡矿的机缘，也是在不请自来的情况下遇上的。在父亲矿业有成后，有一位朋友向父亲献议说，他出一块矿地，由父亲筹借一笔资金，一起联营开采锡矿。开始的时候，父亲的反应并不热烈。可是随后而来的一个形势发展，却把他推向一个非常有利的地位，去接受他的献议。

在五金买卖中，父亲碰巧买进了一批旧的铁船配备。经过一番维修后发现它们仍可使用。父亲灵机一动，找来一群帮手，花了不少工夫，把这些配备改装成一艘铁船。这艘铁船顺理成章地成为父亲进军锡矿业的开路先锋。

马来西亚的华裔矿家，传统上几乎全采用沙泵开采的方法来经营锡矿，而铁船的经营者则绝大多数为财雄势大的外国集团。父亲和朋友成立的承基铁船公司，在投入生产后业务蒸蒸日上。在最高峰的时期，拥有三艘铁船，规模可观，是整个东南亚少数最早由华人经营的铁船公司之一。它的崛起，在某种程度上打破了外国人垄断东南亚铁船业的局面。

第十五章　扬名建筑业

年轻的时候，父亲的愿望就是要成为一个成功的建筑承包商，因为父亲4个叔叔中，三叔和四叔在战前已是马来亚的成功承包商。父亲期望成为成功移民的典范。

重回马来亚后，战争与资金缺乏使父亲无法积极追求梦想。20世纪40年代末期到50年代初期那段日子里，父亲是个活跃的二手机械商。经过3年的努力，他累积一批各类型的翻新机械和一笔可观的资金。

在两位叔叔的指导与栽培下，父亲开始承接建筑承包生意。1951年，父亲成立自己的家族公司——建发有限公司。公司旗开得胜，成功完成几项政府工程，包括承建一条从吉隆坡巴生路5英里半通往八打灵旧区大华戏院旧址的20英里道路。工程耗资100万元，历时3个月。

筑路的工程接踵而来。事实上，当时八打灵的道路大多数是建发有限公司承建。50年代的八打灵仍然处于开发阶段。

建发有限公司也算对它早期的发展尽了一点绵力。经过半个世纪的蓬勃发展，八打灵已蝶变成为繁荣的商业与住宅区。

1954 年，建发有限公司建造一条由吉隆坡火车站到巴生路的地下排污渠道。每段渠管内径 6 呎，长 10 呎，重 6 吨。渠道长 4 英里，总造价高达 410 万令吉（马来西亚货币，下文同），其中 1 英里半由另一家公司承建。

这个工程充满挑战性，之前已有两个承包商因施工不果而宣告失败。首个公司做了 8 个月，连一个渠管也没法安装好就“知难而退”。第二个是一家有名的英国公司，要求支付比先前高好几倍的价钱才肯承建，最后仍无功而返。

说实在的，这个工程的确难搞，主要因为地质问题。地层有 80% 是石头，石头上是沙，地下水位很高。挖掘石头虽费时费力，但难不倒父亲，最要命的是水的问题。把沟里的水抽干了要下水泥时，地下水就从四面八方渗出来，很快又是水汪汪一片，根本无法施工。

接手承建这项工程时，建发有限公司一无响亮名声，二无承包重大工程的经验，很多人不看好父亲。这也不能怪他们，因为当时的一般观念是，外国公司都是高人一等的。

但是父亲不理会这些，毅然往前走，坚信能够证明不看好他的人是错的。

事实证明，父亲的运气并不比前两家公司好。工程开始时，父亲像他们一样使用水泵抽水，但老问题依旧是老问题。这还不止，在抽水过程中，水泵都被沙土塞住，无法运作。

父亲不是机械工程师，也不懂工程学原理，只能凭过去的经验和常理去探索解决的方法。

苦苦思索好几天之后，父亲脑中灵光一闪：水泵解决不了，换个沙泵试试吧！

锡矿场常用的沙泵，效力果然不同凡响，把地下水和沙土稀里哗啦地抽得一干二净。渠沟能够保持干燥，水泥就能下了，工程也进展顺利，如期完成。这是“运用头脑”让父亲化险为夷的又一个例子。

父亲的工作照

公司成立4年里，建发有限公司先后完成多个重大工程，不但赢得赞赏，也受到马来亚公共工程局的肯定。该局在1955年把建发有限公司提升为A级承包商，这意味着建发有限公司将有资格承建任何规模的公共工程。

建发有限公司的升格意义重大。对父亲来说，这代表父亲想成为成功承包商的梦想又向前跨了一大步。

在 20 世纪 50 年代承建的所有工程中，最让建发有限公司引以为荣的就是在槟城建造的亚依淡水坝。该工程的成功完成，让父亲得以扬名全行业。

马来亚独立前，国内所有重大建筑工程，全由外国承包商承建。当建发有限公司在 1957 年标得亚依淡水坝工程时，这不仅是国家的一个里程碑，也是本地建筑业的一个突破。耗资 1200 万令吉的水坝是当时马来亚国内的第一个，也是当地承包商首次承包的最大的建筑工程。

水坝是槟城市议会水务局兴建的，主要目的是为岛上的居民提供卫生食水。工程顾问是英国的宾尼与伙伴公司（Binnie and Partners）。

一开始父亲就知道自己的任务有多重要。如果成功完成，建发有限公司将脱颖而出，成为当地建筑界的佼佼者。如果发生差错，就难有机会突破。父亲对一切都小心翼翼，除了准备详尽的施工计划，也在施工时采取安全措施，防止意外的发生。可是人算不如天算，工程还是发生过一次事故。

水坝是建造一座横跨亚依淡河谷的泥土堤坝，围成一个蓄水池，工程庞大复杂，其中包含不少辅助性工程。

为了节省时间，加快进度，父亲把整个工程分成几个部分进行。其中一项重要的工程是在河谷左右两座山头间，建造一道宽6尺、长1500尺的混凝土堵墙，加强人造坝的阻水力量。按照设计，堵墙需深入岩层10多尺，也就是说，他们得挖掘一条直透岩层的深沟。从山顶往下挖，最深处可达145尺，可以想象工程是多么艰难和费时。

担任顾问的英籍工程师认为，施工地点的土质坚固，可一直挖到10尺深再使用木板支撑。父亲则不以为然。凭父亲多年在建筑业的经验，在没支撑泥壁时进行挖掘很危险。

由父亲建议的一个木板支撑设计，经过测试后证明十分实用和安全，令工程顺利进行。

一天，在我父亲回吉隆坡时，英籍工程师自作主张，叫工人把沟内的木板支撑拆掉，结果酿成惨祸。在随后发生的土崩事件中，5位工人被当场压死，20多人受伤。

事后，工程师认错，向我父亲道歉，并保证往后以安全为重。接下来挖掘工作顺利，再没发生任何意外。我父亲设计的木板支撑，甚至可以承受炸岩层的震动。

水坝在1962年竣工，解决了槟城居民淡水短缺问题，也有效预防了槟城历来的洪涝灾害问题。成功地把这始于1957年的工程做好，也算是父亲给独立后的马来亚的一份小礼物。

父亲当时万万想不到这座水坝后来成为居民休闲和跑步的一个好去处。很多年后，父亲仍对它有一份不可言喻的感情。若在槟城，父亲会抽空旧地重游。到过亚依淡水坝的人都会从入口处一块石碑上，知道它是建发有限公司建造的。但很多人不知道建发有限公司是我父亲的承包公司。

建亚依淡水坝期间，让父亲结识了好友丹斯里骆文秀。水坝施工期间，父亲经常从山脚附近的一个汽油站取得燃油供应。因为交易频繁，父亲决定省却麻烦，预先开出一张 500 令吉的支票，等数额用完，再预付另一张支票。

一天，油站的经理来找父亲，说老板想约父亲见面。父亲问为什么，他说老板很好奇，因为从来没遇过一个像我父亲一样未取货先付钱的顾客。

见面那天，大家一见如故。这位油站老板尽地主之谊，请父亲吃了著名的槟城道地炒粿条。他们很快成为好友，此人正是著名企业家丹斯里骆文秀。

后来，他邀父亲连同刘蝶、陈升祺和林聪等 5 人，发起筹组槟城的第一家银行，即南方银行。银行的缴足资本为 250 万令吉，每人股份均等，各占五分之一。

银行的执照是由当时的马华公会会长兼财政部长敦陈修信签发。父亲在南方银行的股份后来卖给自己的大女婿，即陈升祺的儿子陈仲宪。在国内银行业整合后，南方银行成为十大核心银行之一（南方银行后被土著银行合并，易名联昌银行）。

20 世纪 60 年代是建发有限公司建筑工程承包业务的高峰期。乘着 50 年代茁壮成长的势头，公司在接下来的十年里继续蓬勃地发展。在头两年，除了完成槟城的水坝工程之外，它也完成了吉隆坡班底谷石训学院的主干建筑物、回教堂与宿舍。

1963 年，建发有限公司受委托承建吉兰丹哥打峇鲁大桥

（The SultanYahya Putra Bridge, Kota Bahru）。该桥耗资 520 万令吉，全长 2800 尺，是当时大马最长的桥梁。兴建大桥的主要目的是把哥打峇鲁和巴西马连接起来，北通泰国，刺激当地及附近社区发展和促进马泰两国的关系。父亲在短短两年内就完成重任，颇为不易。

值得一提的是，在兴建该桥的前一年，彭亨州淡马鲁一座由另一个承包商所承建的桥梁被洪水冲毁。这使政府在随后遴选所有重大工程的承包商时都采取更严格和谨慎的态度。建发有限公司能够在其他强大对手的竞争中脱颖而出，充分显示出政府对它的信心。

1964 年，建发有限公司又有机会和宾尼与伙伴公司再次携手合作，兴建耗资 2000 万令吉的彭亨州金马仑水力发电水坝，建造 2 座水坝和 4 个发电厂。这项工程的主要承包商是西德的 Hochtief Ag-Philip Houmann。像上一回一样，宾尼与伙伴公司是工程顾问。建发有限公司是由于兴建槟城亚依淡水坝的时候有不凡的表现而被委为工程的二手承包商。

第十六章　跨渡危机

艰难困苦，玉汝于成。1968年，金马仑水电站工程竣工后，父亲把大部分重型机械移往吉兰丹去兴建甘姆布水利灌溉工程。殊料这个工程一波三折，使父亲面对开业以来最大的危机，一度濒临破产。

吉兰丹甘姆布水利灌溉工程，是马来西亚第二大的水利工程，目的是让吉兰丹农民能够在4.7万英亩稻田中进行一年两造的耕作，仅次于吉打慕达水利灌溉工程，该工程是农业部在世界银行的3000万令吉贷款下兴建的。

建发有限公司以5400万令吉的标价标得工程，与第3标的6400万令吉标价相差了足足1000万令吉。开标结果令每个人都大吃一惊，怀疑是否把数字给弄错了。不过父亲仍然对自己的判断有信心。

很多同行以幸灾乐祸的态度对待我父亲，并预言做下去一定血本无归。父亲丝毫没有退缩之意，誓要把他们的嘲弄变成一股力量，把工程做成功来证明他们是错的。

这个工程庞大复杂，需要建造大小相连、纵横交错、总长度570多千米的灌溉运河，挖掘超过900万立方码的泥土以及制造2000座钢骨水泥，用来把水引入稻田的分水闸。此外，还得建造大、小两百多座的桥梁。建桥所用的大型混凝土管总长度达2万多英尺，每节直径3尺到6尺。

父亲估计整个工程会带来300万令吉的收益。如果计划不错的话，这正好用来投资在云顶高原的开发计划中。

但父亲出师不利。工程于1968年8月1日签约后开工，由法国索格利公司（Sogreah）担任工程顾问。工程进行不久后，问题便接踵而来：政府征地手续一再拖延；工地器材不翼而飞；季候风吹袭，豪雨成灾；1969年5月13日爆发的“种族冲突事件”，更使得整个工程雪上加霜，进度缓慢。

这一切天灾人祸带来的问题，使父亲在第一年的工程中便亏损了500万令吉，陷入周转不灵的困境。在濒临破产的边缘挣扎的时候，老天保佑，当时盘谷银行董事长陈弼臣先生及时伸出援手，给予父亲大力支持。在危机的高峰期，父亲向盘谷银行透支了超过500万令吉。这得益于陈先生对他的极度信任。有陈先生的信任与鼎力支持，父亲才能绝处逢生。

除了资金周围不灵的问题外，父亲还面对一个严峻的信心危机。

在种种问题的困扰下，工程的进度慢得在1年内只完成了区区的5%。这样的情况，难免使公共工程局及工程顾问感到失望和不满，对父亲失去信心。Sogreah的总经理更是在接下来的两个月内不断地给父亲发出警告信，要他对工程的延误负责，同时恫言要采取行动终止合约。

在 1969 年 8 月 19 日那天，父亲竟然同时收到 29 封挂号信。这些信的内容全都一样，说要起诉父亲，让他破产。父亲忍无可忍，决定反击。在他的要求下，8 月 22 日上午 10 点召开了一次会议。父亲和经理黄容泽先生一起赴会。列席的还有 Sogreah 的法国总工程师、总经理，政府官员等 10 多人。

在会议上，父亲断然地告诉他们，发那些挂号信给他根本无济于事，被他全都丢到废纸篓里去了。如果要终止合约，干脆就发律师信。而他会在收到律师信的第二天就去环游世界。

接着，父亲详尽地陈述了工程面对的问题。其中最严重的是土地征用问题。父亲指出，在 16 个地点，政府因居民的抗拒而未能如期将土地交出，导致机械及工人空等，不能开工。这不仅造成工程的延误，也使建发有限公司蒙受财务上的巨大损失。这一切都有文件记录作证明。把工程延误的责任归咎于建发有限公司，甚至说给他们 30 年也做不好，是极不公平的。

父亲也强调，在这时候来追究谁是谁非于事无补，重要的是找出解决问题的方法。父亲要求他们再给他一个机会，宽容 6 个月，以成绩来证明实力。如果 6 个月后父亲的表现仍然没有起色，他们要告他告到破产，他也没话说。在父亲极力争取下，他们终于答应了父亲的要求。

甘姆布水利灌溉工程的规格要求建造 2000 多个引导水流的分水闸。这些混凝土做的结构，大的重达 80 吨，小的也有 20 吨。父亲认为这些庞然大物的设计是杀鸡用牛刀，因为它们只用来引导2尺深的水流。依父亲的估计，使用12吨和8吨的分水闸已经绰绰有余了。于是父亲向顾问工程师提出建议，同时也指出，改用较小的结构能够大大地节省成本与时间。

顾问工程师同意父亲的看法，批准了他的建议。父亲马上把需要的机器移到施工的地点，就地制造分水闸，然后用吊车吊入安装的位置，再也不需要像之前那样，动用到重型运输工具，从老远把那些庞然大物运来。

这么一来，施工程序就简单和快捷多了，还替政府在材料成本上节省了400万令吉。

工程的规格也要求建造200多座桥身厚7尺的桥梁。但该处并没有重型车辆来往，于是父亲向顾问工程师建议，把桥身的厚度减到3尺。父亲的建议得到认同，并经法国的总公司批准后付诸实行。这个设计上的改变再次为政府节省了大约700万令吉。

有了这些变通后，工程的进展神速。在不到4个月的时间内，父亲已完成了超过320千米长的运河，1000多个分水闸及100多座桥，是整个工程的60%。

1969年12月24日上午10点，父亲和经理黄容泽出席了一个他们召开的会议。会场有20多个人，包括Sogreah的总工程师及总经理、两位世界银行董事、农业部总监邱阳及政府官员。在其长达90分钟的讲话中，曾经一度对父亲没有信心、要终止合约的法国总工程师对父亲取得的工程进度感到惊讶并深表赞扬，甚至夸奖他说，父亲的表现足以让国家引以为荣。

到父亲发言时，开玩笑地对他们说，若当时他们真的把他告上法庭，他会赤脚出庭，因为破产的人是不可以穿鞋子的。不过父亲会在庭上据理力争，让法官知道，政府未能及时征用土地，致使自己不能如期开工。然后父亲会要求法官借电话打给律师。

法官一定会问他，这场官司你是赢定了，为何还要打电话给律师？父亲会说，就因为赢定了，所以才打电话给律师叫他替自己买一双金鞋子好穿着走出法庭！大家都哄堂大笑，给父亲鼓掌。

最终，甘姆布水利灌溉工程如期竣工。建发有限公司不仅转亏为盈，赚了 400 万令吉，而且为政府节省了超过 1000 万令吉的成本。

令父亲感到自豪的是，这工程完全由马来西亚人承办，不需要外国人的协助。它也是马来西亚有史以来能够如期在 3 年内完成的最大工程。

在商界里，很多人都知道父亲有时会出人意表地做出一些别人认为是好笑，甚至是疯狂的事情。在父亲的记忆中，这样的事有 12 件之多，以下几件是人们常津津乐道的。

1953 年，父亲在游说别人加股支持他开采铁矿时，大胆地预测说这个投资可以每年赚取 400 万元。大家都以为他在说梦话。

1956 年，父亲在吉隆坡接手承建一条阴沟的工程，人人都说他愚蠢，自讨苦吃，肯定没好结果，因为父亲之前的两个承包商，包括一家有名的英国公司，都落得失败收场。

1967 年，父亲以比对手低了 1000 万令吉的标价标得甘姆布水利灌溉工程的合约。行家都说父亲疯了。

在这些事件里，父亲最终都以成绩证明自己的眼光和判断是对的。这证明，如果对自己的决定有信心，就不必理会他人的取笑或批评。

事实上，后来父亲在年近五十时，决定要开发云顶高原，很多人都把它当作天大的笑话。

其实，父亲当时的脑子里从来就没出现过退休这念头。在父亲 80 多岁时，他还是照常工作。对父亲来说，任何时候都是创业的良机，尤其是那些无人问津的行业，一般没有竞争，如果能够成功，回报就丰厚了。

父亲（右三）的工作照

第二部分

云顶传奇

第一章　荒山独行

1964 年，父亲 47 岁。此时，他在五金业、矿业和建筑业都已取得了不俗的成就。按这个势头发展下去，他必将成为各个行业的翘楚。但谁能想到，在这个“知天命”的年纪，父亲突然决定从零开始创业——将一座渺无人迹的荒山开发成旅游胜地。为此，他将前半生赚的所有钱，全部投入其中。

我现在讲述的是众所周知的成功故事。但回顾当初开发云顶高原的历程，其中的艰难险阻，还是超出了常人想象。父亲这种“虽千万人，吾往矣”的精神，至今让人神往。

1964 年夏，父亲正在承建金马仑高原水力发电站的部分工程。一天晚上，父亲和西德总承包公司的总经理、总工程师及其他 9 个员工在金马仑共进晚餐。微醺之际，大家都觉得室内闷热，一起出去散步纳凉。

当晚，皓月当空，群星璀璨。阑珊夜色中，父亲站在山顶眺望，享受着扑面而来的习习凉风，顿时感觉神清气爽。

看着远处的山岚，父亲逐渐陷入了沉思。马来西亚靠近赤道，终年皆夏，气候炎热，人人都喜欢登高避暑。自 1957 年马来亚独立、1963 年马来西亚正式成立后，大马经济发展迅速，人民生活安定，越来越多的人向往在高原旅游胜地休闲消遣的乐趣，可是全马来西亚没有几个能够让人们避暑、度假、游乐的地方。金马仑高原是个不错的地方，每年到此避暑的游客络绎不绝。然而，当时从吉隆坡去金马仑至少要花四五个小时的车程，而且上山的道路又险又窄，弯弯曲曲不好走。

父亲想，如果在离首都吉隆坡不远的地方，物色到一个适当的高原来修建一个综合性的避暑度假胜地，那岂不是占尽了天时、地利、人和的优势，如若建成必将大受欢迎。

那么在首都附近，有没类似金马仑高原这样的高山呢？在吉隆坡居住了多年的父亲，对它周围的地形自然相当熟悉。他知道只有在东部的文冬一带的山区，才有可能找到一座适合发展成为旅游胜地的高山。文冬是彭亨州的一个县，华人也较多。

独乐乐，不如众乐乐。父亲不是那种“闻着榴梿香，又懒剥榴梿皮”的人，他一旦有想法，就会迅速付诸行动。

当晚，父亲辗转难眠，反复思索如何实现这个梦想。他不由想起小时候有个风水先生，说他生而缺木，却又跟“木”大有缘分，如果以后从事与森林有关的事业必有所成，但应从属“金”的行业做起，寓金能克木。回想之前的 20 年，他刚好一直在从事五金、矿业、现代建筑业，都与“金”有关。现在入林而作，岂非正好应了预言。

父亲也很清楚，如果开发旅游胜地，那意味着他要闯入一个完全陌生的领域，一切从头开始。但同时他也想到，马来西亚现在缺乏这类项目，不但他陌生，对于所有人都十分陌生。这就意味着，在这个领域将不会有任何竞争。

父亲即便人际关系熟络，但在做生意时还是不喜欢与人竞争。有竞争就意味着有胜负，而他崇尚的是“和为贵”。

回到吉隆坡之后，父亲就迫不及待地专程去了趟土地局，找来一张文冬一带的地势地图。按照父亲的设想，一个理想的高原度假胜地，至少要符合以下三个条件：一是距离吉隆坡够近，最好车程一个小时内；二是山要比较高，起码海拔在1500米以上；三是要有成片的平原地带，这样才可以进行大规模的建设。

马来西亚半岛的地形，像一枚树叶，中间是叶梗，明显凸出，将半岛分成左右两半，两边是平原和沼泽，向大海延伸。“叶梗”也就是中央主干山脉。中央山脉北接泰国，南到吉隆坡附近戛然而止。

在父亲开发云顶之前，马来西亚最有名的高原旅游胜地有两个，分别是金马仑高原和福隆港，都位于这条中央山脉上，这两个旅游胜地都是以发现者的姓名命名。

经过一番仔细的研究，父亲发现了一个名叫云顶森芭（Genting Sempah）的地方，这是个十分陌生的名字，可是用马来文念起来朗朗上口，就像在说闽南语，让父亲备感亲切。云顶森芭海拔 1800 多米，距离吉隆坡仅 58 千米。最重要的是，在山顶上，竟然有连成片的高原，十分难得。

云顶森芭所在的大山，叫作乌鲁加里山（Gunung Ulu Kali，又译作“乌鲁卡里山”），所在的位置，正是中央山脉“叶梗”最靠近吉隆坡的地方。

乌鲁加里山是一座荒芜的高山，山中常有野兽出没，瘴气弥漫，渺无人烟。根据史料记载，历史上也曾有探险家、考古学者和动植物学家攀登过这座高山。

返回公司后，父亲在短短几天就召集了人手，准备去乌鲁加里山实地考察。这次考察队员大约 20 人，包括跟了他超过 35 年的林联发——一位曾为寻找铁矿而随他几乎走遍全马的麻坡人，以及追随他工作多年的员工。

就这样，这支 20 多人的先锋部队浩浩荡荡地踏上了进山寻路的征程，大有“雄关漫道真如铁，而今迈步从头越”的气势。

征途虽然艰苦，队伍却能从跋山涉水中寻找到乐趣。由于有当地向导，他们一边带路，一边讲述着这片原始热带森林里各种流传已久的传说，还教会父亲认识不少植物，比如凤凰草与鬼爪，它们都可以用于止血，用手揉烂了，敷在伤口上就可以止血了，森林里的蚂蟥实在是防不胜防，有这两样植物护身可是省事不少。

乌鲁加里山的气温明显比吉隆坡低，虽是炎夏，但草丛石缝到处都涌流着清凉的泉水。他们一路翻山越岭，终于攀上了乌鲁加里山山顶。

从高原向下望去，山峦重叠，危崖耸立，林木苍翠，花草繁茂，空气清新怡人。在近在眼前的，是无数美丽的、发亮的银白色云团，飘忽闪烁，如白玫瑰花随风飘浮。山顶气温在日间就明显凉于山下，到了夜间，大家甚至因为没带棉衣而感到寒冷。

他们在深山中逗留了 9 天 8 夜，饿了就啃一口随身携带的干粮，渴了就喝清澈的泉水。他们收集了不少有关那里地势、河流分布、土质及其他的有用资料。这些一手资料和父亲实地考察所获得的体验，在随后拟定云顶发展计划时，给予了莫大的帮助。

在勘查的过程中，父亲发现这座鲜为人知的高山位于雪兰莪州和彭亨州的交界处。究竟它归哪个州政府管辖呢？自己要向哪个部门提呈项目申请呢？该从何做起呢？真是千头万绪啊！

突然间，父亲意识到自己面对的是个多么艰巨的难题。

父亲勘察乌鲁加里山的消息很快传开来。当得知他准备将全部身家，都投入到一个闻所未闻的荒山野岭，亲戚朋友和生意伙伴都大吃一惊，纷纷劝阻父亲三思而后行。他们说如果父亲是打算买山砍伐木材，这倒可行，做旅游开发，那风险就太大了。

不可否认的是，劝说父亲的人，都是出于一片真诚的好意。从事业角度，父亲在五金建筑等行业蒸蒸日上，而做旅游开发，却一点经验也没有；从年龄来看，父亲年近五十，此时不比年轻，没有容错的机会，一旦失败，就搭上了半生命运；从开发难度看，乌鲁加里山人迹罕至，基础设施近乎零，投资成本必然十分巨大，而回收期却无比漫长。

最重要的，旅游休闲产业，还要赌国运。只有在和平时期，旅游休闲才能成为一个具有巨大潜力的产业。政局稍有动荡，社会稍不安定，人们就会闭门不出躲避风险，这时酒店就得歇业。而在当时，东马、西马刚合并成立马来西亚仅一年时间，各种政治势力如雨后春笋，新加坡存在很大的分离倾向……在这个并不安定的年代开发旅游胜地，那就意味着，你必须坚信在未来的日子里，世界和平，国运昌盛。

父亲认为，历经多年战争，人心思安，这是一个大趋势，即便其间会有曲折，但趋势不变。何况马来西亚人民由于自然条件优越，生性善良，未来不太可能出现长期不安定的政局。

事实也是如此。从 20 世纪 70 年代至今的几十年里，马来西亚政局稳定，经济繁荣，在对外交往中也未见刀兵。这也是父亲能够成功的一大背景因素。

第二章　永久地契

1964年下半年，父亲向彭亨州政府申请云顶森芭的土地，供开发旅游胜地。文冬县县长叫他直接与联邦政府接洽，因为联邦政府已有计划要把有关的土地发展成旅游胜地。在丹斯里哈芝诺的引荐下，父亲拜会了马来西亚第一任首相。

这里有必要简单介绍马来西亚的一些名词，很多中国读者还不熟悉，而在下文中将会经常出现。

首先，是马来西亚历届首相。马来西亚实行的是类似英国的君主立宪制，最高元首也称国王，由9个州的苏丹轮流担任。政府首脑是总理，也称首相。从1957年马来亚独立到2007年父亲逝世，马来西亚一共经历了5任首相。分别是1957—1970年，第一任首相东古·阿卜杜勒·拉赫曼（以下称“东古”）；1970—1976年，第二任首相敦·阿卜杜勒·拉扎克·宾·达图·侯赛因（以下称“拉扎克”）；1976—1981年，第三任首相敦·达图·侯赛因·奥恩（以下称“侯赛因·奥恩”）；1981—2003 年，第四任首相敦·马哈蒂尔·宾·穆罕默德（以下称“马哈蒂尔”）；2003—2009 年，第五任首相敦·阿卜杜拉·艾哈迈德·巴达维（以下称“巴达维”）。父亲与 5 位首相都保持着非常密切而友好的关系，这被人认为是一个奇迹。

其次，是马来西亚的行政区划。马来西亚有 13 个州和 3 个联邦直辖区，首都吉隆坡为联邦直辖区。其中 9 个州由苏丹世袭王室统治，分别为柔佛、吉打、吉兰丹、森美兰、雪兰莪、彭亨、霹雳、登嘉楼（又译作丁加奴）、玻璃市；另外 4 个州分别是槟城、马六甲、沙巴和砂拉越，州长是经议会提名、最高元首任命。云顶高原地跨雪兰莪和彭亨两个州。

再次，是马来西亚的政党。独立后一直到父亲退休，大马的执政党都是国民阵线，它由马来民族统一机构（巫统）、马来西亚华人公会（马华）、马来西亚印度人国大党（国大党）三大政党组成。

最后，是马来西亚的爵位制（勋衔）。马来西亚的爵位分为：敦、丹斯里、拿督斯里和拿督等。其中敦的地位最高，一般封给政治人物；丹斯里是继“敦”封衔之后第二高封衔，封给对联邦作出卓越贡献的人。这两个封衔，是由马来西亚最高元首颁授的。拿督斯里和拿督也是封给作出卓越贡献的人，为“州封衔”，是由马来西亚各州统治者颁授，略低于前两个封衔。

父亲先后 7 次被封赐不同勋衔。1970 年，被吉兰丹州苏丹封赐“拿督”，这是父亲最早获得的封衔。1975 年，被雪兰莪州苏丹封赐“太平局绅”。同年，被彭亨州苏丹封赐“拿督”。1979 年，被最高元首陛下封赐“丹斯里”。1980 年，被雪兰莪州苏丹封赐“拿督”。1987 年，被彭亨州苏丹封赐“拿督”。1989 年，被霹雳州苏丹封赐“拿督斯里”。

丹斯里哈芝诺是父亲的莫逆之交。他是父亲在柔佛州开采铁矿时认识的，当时还是柔佛州议会的一名行政议员。后来哈芝诺又当选为上议院主席。离任后，他成为父亲开发云顶高原的合作伙伴和鼎力支持者。两人的大致分工是，哈芝诺负责政府联络及行政事务，父亲负责工程、技术、经营管理等事务。

父亲虽然一生不碰政治，但是作为商人不能不研究政治。在见马来西亚第一任首相东古之前，他已经做了一番功课。首相东古作为马来西亚独立之父，也是巫统的主席，是温和派的代表。他希望三大族群马来人、华人和印度人能够同舟共济，和睦相处。他的施政纲领是马来人掌握政权，华人继续建立商业信心，印度人则加强在劳工界的力量，政府用充足的财政收入促进乡村的发展，由此带领马来西亚迈进繁荣的康庄大道。

父亲见到首相东古后，先谈到了他承建过的哥打峇鲁大桥、亚依淡水坝等工程。首相东古对这些大型工程相当熟悉，立刻表示了赞许。进入话题后，父亲说，他想竭其所能，将乌鲁加里山开发成一座旅游度假胜地，为人民休闲度假提供一个好去处。

父亲（前排右二）向马来西亚第一任首相东古（前排右一）描绘云顶的发展蓝图

首相东古表示，政府的确有意要发展乌鲁加里山。但碍于一些现实问题，不得不把计划暂时搁置。

问题之一，是首先必须从山脚兴建一条通往山顶的公路。这将是个艰巨的工程，根据公共工程局的初步估计，得花上整15年的时间。因为乌鲁加里山还是原始森林，水、电、通讯都要从头开始，甚至勘探路线，都需要一年的时间。

第二个问题，属于政局方面的。从内政来说，政府财政并不充裕，开启一项耗资巨大而眼前看不到任何收益的政府工程，在议会很难通过。甚至反对党还会借题发挥，影响政局稳定。从外交来说，当时的马来西亚甚至有爆发战争的可能，在这个节骨眼上，其他事件都得放一放。

因此，政府觉得最好是交由私人机构去推行这计划。对首相东古来说，父亲的献议显然来得正是时候，因此他叫父亲去准备一份详尽的计划书。

父亲在短短的 1 个星期里就把计划书准备妥当。首相东古过目后，表示赞赏和认同，说父亲可以着手进行了。

马来西亚宪法规定土地事务属于州务管辖范畴，各州均设有土地局，各州可自行制定本州的土地政策，由于云顶高原地跨彭亨和雪兰莪，因此需要向两个州同时申请用地。

1965 年 4 月 27 日，丹斯里哈芝诺和父亲成立了银顶高原私人有限公司。在 1968 年之前，云顶（Genting）一直称作“银顶”。父亲认为，开发高原旅游胜地的念头是在金马仑高原萌生的，一金一银，遥相呼应，是富贵吉祥的好兆头。而“顶”字则把旅游胜地的位置描绘得非常贴切，所以把 Genting 翻译成银顶很合适。但银顶启用不久就遭到非议，有人说它并不能真正反映山顶的意思，也有人说让名称穿金戴银太俗了。最后，鲜少参与商业意见的母亲一言惊醒梦中人：“Genting 既然在山上，伸手就可以摸到四周飘游的云儿，为什么不干脆叫云顶？”这就是云顶名称的由来。1968 年以后，银顶公司正式更名为云顶公司。

公司成立后，银顶公司分别向彭亨及雪兰莪州政府申请 4940 公顷和 1110 公顷的永久地契土地，三分之二在彭亨，三分之一在雪兰莪。

按马来西亚国家土地法的规定，地契分为 99 年地契和永久地契两种。永久地契土地拥有者可享受终身拥有权，如果主人转卖掉，下一任主人仍有着相同的权利，也没有遗产税；而 99 年地契到期后，就得付费申请延长租期，否则土地将由政府无偿收回。

在首相东古的推荐与支持下，彭亨州政府很快地就批准了公司的永久地契申请。可是雪兰莪州务大臣（相当于州长）拿督哈仑只同意批准 99 年的地契。

父亲据理力争，他对哈仑大臣说，在荒山野岭兴建道路、酒店、雇员宿舍和水电等基本设施，起码需要 30—40 年的时间，还需要大量的投资。如果只给 99 年的地契，这意味在完成整个发展计划后不久，开发者就得把一切拱手奉送给政府。也就是说，之前所作出的努力，全部都是为他人做嫁衣。这样做，公司肯定是不愿意的。父亲还表示，如果雪兰莪不答应给永久地契，他将别无选择，只好发展位于彭亨州那边的土地。这将让已拥有诸多美丽海滩的彭亨又多添了一个旅游胜地。到时候，雪兰莪将会在旅游业方面被彭亨抛到更远的后头。听了父亲的一番解释后，拿督哈仑终于答应向州政府推荐批准请求。

父亲获得永久地契的过程，有一点运气成分。1965 年父亲申请用地时，马来西亚的《1965 年国家土地法》刚刚颁布，在次年即 1966 年 1 月 1 日正式生效，按照这部法律，除了英国殖民政府时期遗留的用地为永久地契，其他土地原则上只能获 99 年租期。乌鲁加里山显然不属于英国殖民时期遗留用地，如果在次年申请永久地契，难度无疑会成倍增加。

在具体的择址时，云顶最初选择的是半山位置，也就是现在的梧桐再也和云顶高原之间的一块地方，现在那里也建设了酒店。后来发现这半山位置面积太小，不足以开展大规模的建设，才改到山顶。

第三章　三年修路

1965 年，在申请获批乌鲁加里山 50 平方千米的永久地契土地后，当初要发展一个高原旅游胜地的心愿，已不再是个遥不可及的梦想了，而是一个等待父亲去实现的具体目标。千头万绪的第一件事，是开山拓路。父亲深知，道路是云顶的血脉，如果出现任何问题，都将直接威胁度假胜地的生存。

开工日期定于 1965 年 8 月 18 日，也就是雪兰莪州政府批准云顶的土地申请后的第二天，父亲就率领了一队包括华人、马来人和印度人的队伍，轰轰烈烈地展开了筑路工程。队伍里既有工人，也有技术人员和后勤。他们的计划，是从云顶森芭山脚修建一条长 20 千米、通往乌鲁加里山山顶的道路。

工程初期，父亲给自己定下目标，要在 6 年内把路筑好。工程刚开始，父亲就感觉到这项任务，诚如首相东古所言，是极为艰巨的。在此之前，公共工程局认为修完这条路，需要 15 年时间。

同公共工程局官员多次接触中，父亲获悉政府在发展乌鲁加里山的原本计划中，打算在半山兴建一座电信塔。他就想，既然要建的这条路直达山顶，如果他们把电信塔改建在上面，效果不就更好吗？

于是父亲向政府提出建议。政府相关人员认为是个好主意，同意了父亲的提议，也答应在他完成修路后给他 90 万令吉的津贴，前提条件是父亲必须在 3 年内把路建好。

听到这个条件，父亲惊出一身冷汗，要知道，政府方开出的这个条件，实在太苛刻了。从政府初步估计的 15 年，父亲已把筑路的时间减到 6 年了，他们竟然还要把它再缩短一半。

压力也是动力，越早完工，酒店越早开业，也就越能回收早期的巨大资金投入，要知道修路资金预算高达 600 万令吉。仔细盘算后，父亲决定接受这个不可能的挑战。

既然答应了把自己原本定下的 6 年施工期减半，父亲就非常果断地作出相应的调整，把员工分成两班，每天 24 小时、每星期 7 天不停地轮班工作。这样的密集式操作在现在并不稀奇，但是在 20 世纪 60 年代可不常见。

父亲将工作队伍分成 2 组，一组负责在前方进行测量，另一组则在后方砍树、推泥和筑路。从文冬旧路 20 英里（即 32.19 千米）处，先建直达半山的 12 千米路段，可想而知，父亲他们得鼓起多大的勇气。

当时他们的策略是在半山建立一个中途站，就地取材，充分利用那里的丰富花岗岩作筑路石料的来源。花岗岩质地坚硬，色泽美丽，不仅是很好的建筑材料，还是露天雕刻的首选之材。从中途站开始，再完成绕上乌鲁加里山山顶的其余 8 千米路段。

除了全面投入工作外，父亲还动用了家族公司，即建发有限公司的一切设备和资源，包括铲泥机、拖拉机、打风机、拉石机、卡车等。这些重型机械替云顶公司的开发省下了不少资本开销，立下了汗马功劳。

可是 60 年代的机械并不像现在的那么先进，加上山势险峻，工程的进度相当缓慢，几乎就像蜗牛一样爬行。

修路的工人们跟着父亲，不畏辛劳。马来西亚原始森林有“四季是夏，一雨成秋”之说，日间闷热潮湿，要承受各种蚊虫叮咬，而一下雨，又寒冷难耐。雨林地面到处都是泥浆，普通人步行都非常困难，何况要扛着笨重的工具施工。

在筑路的工程中，父亲兼任总经理、工程师、司库、劳工等职位，并处理和解决一切突发的问题。为了省时省力，父亲在山林里建起临时宿舍。遇到工地附近有山洞，他们也不介意做穴居人。有需要时，父亲便和大伙儿在工地过夜。开山辟路的过程中，会遇到很多野生动物，比如猴子、松鼠等，一些工人还遇到过猩猩、野猪甚至老虎。

乌鲁加里山是世界上最古老的热带雨林之一，它已经有 100 多万年的历史。筑路艰难，但在父亲的眼中，也似乎是一个寻宝的过程。有时，他会带一块沉香回家，这是他从树上一刀一刀采出的。沉香带着甜味，一片薄薄的沉香，就让全家充溢着香味。还有时，他会带回一棵冬革阿里，告诉我们这叫南洋人参，可以用来泡酒喝。

我那时正在上小学，对神秘的原始森林充满了向往，根本不知道筑路辛苦，每次父亲回家，我都会缠着他讲将森林里的事。据父亲讲他们遇到过叫作树懒的动物，这种动物的特点就是非常懒，它每天都用那长长的胳膊紧紧地缠绕住树干，仿佛和树融为了一体，即使被人发现，也宁愿一动不动，非常可爱。跟树懒恰恰相反，另一种动物叫飞鼠，就是会飞翔的树上老鼠，它有猫头鹰那么大，经常在20多米高的几棵树上飞来飞去，一点也不怕掉下来。

早期通往云顶的山路

父亲常常在山林的工地上出现，头戴着竹叶做的笠帽，和工人一起干活，回家时总是脏兮兮的。佣人都觉得奇怪，问我母亲，父亲到底是当老板还是当苦力，为什么每次出门都弄得满身泥浆回来？

日夜打拼的结果是，在 1969 年 3 月 31 日，父亲终于在 3 年的期限内完成了云顶的第一条公路，这条道路宽 12 英尺，为双向行驶道，总长 12 英里，连接吉隆坡文冬路。完工后，父亲取得政府承诺的 90 万令吉筑路津贴。这笔钱在当时是个很可观的数目，对父亲的工程有极大的帮助。这条公路的完成使发展云顶高原的计划又向前跨了一大步。

虽然时间严重压缩，但父亲丝毫没有因此降低对于工程质量的要求。他常强调，云顶高原胜地建成后将是永久性的，公路最少要管用一百年不大修才对得起后人。这条公路采用的是当时最优质的建筑材料，严格按照设计图纸进行施工没打任何折扣。

在开发云顶的每一个阶段，父亲都亲力亲为地到场监督工程的进展。然而，工地是一个危机四伏的地方，有一定的危险性，只要稍微不留神，就有可能受伤，甚至为此丢掉性命。

在兴建云顶山路及其后来的修建过程中，父亲就曾经遭遇过至少 6 次意外事件，每一次都险之又险。

第四章　几经凶险

乌鲁加里山崇山峻岭，筑路的 3 年多时间，1000 多个日日夜夜，父亲记得最清楚的是 6 个意外凶险事件，但我相信实际遇到的必然更多。

第一次意外事件，发生在云顶山路 2 英里半处（1 英里约为 1.6 千米）。当时大家都在忙着，有的在测量，有的在砍树，父亲也在一旁帮忙打下手。忽然间，一棵被砍下碗口粗的大树从山坡上滑落，呼啸着直接向父亲滚冲过来，它的冲击力度不亚于一辆小汽车，沿途经过的小树都直接被撞断。旁边的工人急得大声喊叫父亲的名字。眼见那大树离父亲的身体只差几寸的距离，父亲猛地往左侧一闪，很幸运地逃过这一劫，只是肩部擦到了身旁的树杈上，受了点皮肉伤。

这次事件是砍树工人的无心之失，父亲没对他作任何处罚，但还是专门开会再次强调要保障每个人的安全，避免类似事件再次发生。为此，还新作出了一系列保障工程安全的守则和规定，如严禁疲劳作业，严禁乱堆乱放，不得从高处往下抛任何物资材料等。

第二次意外事件发生在云顶山路 5 英里处。当时父亲正驾着他的吉普车，沿着崎岖的山路上山视察工程的进展。谁料到了一个山崖斜处，在拐弯减挡时，突然熄火。这辆越野车是颇为高档的一款路虎，但在那个年代，越野能力跟当今的越野汽车差很远，爬坡熄火也是经常遇到的。父亲尝试点火，仍然未能启动，但汽车却由前进状态，变成倒退。父亲也是个开了多年汽车的老司机，紧急踩刹车，拉手刹，挂一挡，但都无济于事，汽车仍然在后退，且后退速度逐渐变快。要知道，身后就是几十米高的悬崖，掉下去不可能生还。好在两个后车轮掉到悬崖外的时候，车头由于较重，卡在上面，父亲赶紧从驾驶室爬了出来。出来后发现，原来是地面在雨后过于泥泞，汽车熄火后在重力作用下逐渐倒退，所以踩刹车也没有用处。

第三次意外事件跟第二次比较类似，发生在云顶山路的 7 英里处，当时修路工程已经完成了一半。在父亲驾车上一个陡斜坡换挡时，刹车突然失灵，整辆汽车从坡上急速后退。山路的尽头，是三四百米深的悬崖。父亲来不及多想，赶紧摆动方向盘，盯着后视镜，让汽车的后尾撞在了山壁上，汽车也应声而停。这前后只有几秒钟的时间，但实际上，父亲感觉在鬼门关前又走了一遭。越野需要汽车性能良好，即便现在，森林越野也需要优秀的车型加良好的驾驶技术，父亲在 20 世纪 60 年代开着他那台很普通的吉普车，才经历这么两次险情，已经很得上天眷顾了。

第四次意外事件发生在云顶直升机场旧址，此时筑路工程已经接近完工。当时是傍晚时分，太阳已落山，夜幕降临，但工程队依然有条不紊地在施工。忽然间，父亲和 6 个工人及一架推泥机的所在地发生土崩。两旁的树木急剧摇晃着，脚下的泥土也急速移动。父亲眼见不妙，一边大声招呼着大家逃命，一边奋力向横跳开。仅仅几分钟的时间，原来站立的地方，已经整体崩塌、塌陷，所有的施工机械、工具，包括旁边的花草、大树，都随着混乱的泥砂轰然下沉，然后向着几十米深的山谷轰隆隆地滚落，最终被泥沙淹没，不见踪影。父亲脱离险境回头一看，其他人也安然无恙，这才松了一口气。假若当时他们反应得不够快，或者说慢了那么半拍，肯定会随着泥崩冲泻到八九十尺深的山谷下被活埋。

土崩在乌鲁加里山其实是很常见的自然现象，山里经常下暴雨，雨水渗入土层就会破坏原有结构，这时稍有风吹草动，就可能整体崩塌。修路时，技术人员都会预估和勘测哪里可能发生崩塌，并提前作出预案。但父亲遇到的这次土崩，还是出乎意料，事前没有得到任何预警。

第五次意外事件发生在云顶山路 6 英里处的工地。当时一辆拖拉机正把一排竹树拉倒。忽然间一棵 30 多尺的竹树朝着父亲所站立的方向倒下来。父亲闪避不及，被击中头部。幸亏他戴着的是助手几天前才买给他的钢盔，而不是一向在工地惯戴的笠帽，才没有性命之忧。虽然如此，猛烈的撞击力还是使他咬到舌头，流了不少血。这次父亲对肇事者没有客气，狠狠地对他进行了批评，告诫他驾车作业必须随时注意伙伴们的安全。

第六次意外事件发生在同一个地方附近。当时父亲在场监督修建山路。一架神手（即挖掘机）正在进行清理工作，没料到泥中有一条20多尺长的大木条，当神手的轮子碾到木条一端时，它的另一端就向父亲那边横扫过来，打中了父亲的腰部，所幸没打中他仅存的左肾（父亲的右肾早在10多年前因发现了一粒恶性瘤而被割除了），沉重的击打让父亲一下摔倒在地，疼痛难忍。这次重击让父亲在床上休息了两天才能走路。

云顶高原山高林密，施工难度高，危险性也大，建成后的公路号称“九曲十三弯”。但所幸的是，从修路一直到后来云顶建酒店及基础设施，除发生过一起建筑工人意外失足从14楼坠下身亡的事故外，再没发生过其他工地意外死亡的事件。这与父亲一直强调施工安全有关，但他认为这是清水祖师保佑的结果，才能平平安安地把云顶高原建设起来。

云顶高原本来计划在1971年1月正式开业，但在1970年12月31日，吉隆坡发生了百年罕见的大水灾。当时，吉隆坡地区狂风大作，暴雨倾泻，连续7天7夜不放晴，巴生河水高涨，积水久久未能消退。水灾最严重时期为1971年1月6日晚，当天大雨滂沱，百余小时持续不断。导致吉隆坡市区的四分之三土地淹没在洪水之下，渣打银行地下水库也淹水，所有钞票湿透毁尽。连绵的大雨，也导致云顶山路的 180 多个地方出现山崩。为此，父亲不得不又花了三四个月的时间，带领工人把整条山路重新修好，使它能够真正通车。重修的云顶山路，已经能够抵御百年一遇的超强洪水袭击。正所谓，花繁柳密处，拨开才见风景；狂风暴雨中，立定才见脚跟。

第五章　财务危机

2020年至今席卷全球的新冠肺炎疫情，让很多企业无法正常生产经营，同时还要承担人工、水电、租金、税收等各项支出，导致入不敷出。一个企业如果发展时间够长，这种危机状况，或多或少总会遇到一次。在云顶高原的建设过程中，父亲也遇到了这种几乎让人绝望的财务危机。危机渡过，便是春天。

云顶的建设期长，从1965年始建到1971年开业，这几年都是纯粹的建设期，不可能产生任何收入。同时云顶的建设难度高，要将一个海拔1800米的荒山野岭开发为旅游目的地，需要大量的基础设施建设，水、电、路、通信，每一桩都不容易。而建筑材料、电器设备，甚至饭菜等，都需要从山脚运上去。相应地，云顶的建设需要巨额的资金。

雪上加霜的是，建设过程中还时常遇到各种意外状况，甚至就在1971年预备开业前夕，还遭遇史无前例的特大暴雨，导致重修塌方点，不但增加了大笔预算，还将开业时间又延迟了大半年。

父亲几乎倾其所有，将上半生所赚的全部身家都投入了云顶高原的建设。他不但把承包甘姆布水利灌溉工程所赚取的 400 万令吉悉数投入云顶的开发，还将位于柔佛昔加末一块 2000 英亩的树胶园变卖所得的 250 万令吉以及之前在开采铁矿、承包水坝工程与五金行业所赚到的钱全部投入。

但在 1969 年，父亲还是遭遇到前所未有的危机。当时，他承建的吉兰丹州甘姆布水利灌溉工程也是一波三折。征地手续一拖再拖，天气巨变等各种困难矛盾，导致工程进度迟缓。

吉兰丹州位于马来西亚北部，距离吉隆坡 500 多千米，按当时的车速，需要一天时间才能到达。当时云顶公路初步开通，山顶的酒店、公寓、直升机场等基础设施也开始兴建。父亲作为两地工程的主要负责人，不得不两地来回奔波。

为了节约时间，他经常在晚饭后赶路，到了一个地方，正是凌晨五六点钟，囫囵睡上一两个小时，就去项目工地。如此没日没夜，甚至连周日和公共假期都在路上奔波。

父亲任何时候都很乐观，哪怕在最艰辛的时刻。他常说，世界上的事，如果能够很容易得到，那就人人都可以得到，也就跟他无缘分了。之所以面临困境，那是上天对他的考验，也是一种淘汰机制，让这份果实，只有他能够拥有，而被淘汰的人，就无缘无分了。

云顶成功后，人人称羡。殊不知，在 1969 年父亲面临严重财务危机时，他曾经想转让部分股份，但无人愿意入股。

1969 年，父亲和一群朋友，在他们的私人俱乐部共进午餐。父亲趁机向他们献议，邀他们加入成为云顶的股东和董事。当时云顶的缴足资本超过 1000 万令吉。父亲邀他们投资 100 万令吉以获取公司 10% 的股权，可是没人表示有兴趣。如今回想起来，父亲很庆幸当初他们拒绝了他的邀请。

虽然是孤军奋战，却没有了其他股东的干预，这样一来，父亲作决定时就可以当机立断，掌握先机了。父亲认为，如果当初有其他股东的介入，人多，意见也多，决策难免就会有诸多的拖延，云顶的开发肯定难以成功。

后来，甘姆布水利灌溉工程不但如期竣工，父亲的公司也转大亏为大盈，赚了 400 万令吉，并且为政府节省了超过 1000 万令吉的成本。

1969 年在父亲最困难的时候，首相东古送来了一份“厚礼”，这份礼物给予父亲莫大的信心和鼓舞，让他最终能够走出困境。

第六章　赌场执照

在父亲最初的设想中，云顶是个供一家老少前来避暑玩乐的旅游胜地。在运营的初步阶段，云顶除了它的清凉气候外并无其他特殊之处，所以父亲认为将来能吸引的游客有限。依父亲的计划，是先建1座只有38间客房的小酒店，然后逐步发展。但酒店奠基时，首相东古送来了一份“大礼”，让一切都改观了。

1969年3月31日，风和日丽。这天，云顶第一间酒店高原酒店（现在的丽园酒店）奠基。首相东古乘坐直升机，从吉隆坡特地赶来，亲自主持奠基仪式。当日活动盛况空前，出席活动的，有工程及邮电部长、司法部长、交通部长、屋务部长、内政副部长等马来西亚政府高官，还有外交使节代表、工商业巨子等，一时冠盖云集，热闹非凡。

父亲作为董事经理，向来宾介绍了云顶高原的发展计划。按照规划，这里将拥有酒店、旅店、游泳池、高尔夫球场、瀑布、儿童游乐场等，将成为最受欢迎的避暑及旅游胜地。未来，这里将成为新婚夫妇度蜜月及高端人群游玩首选之地。

首相东古对云顶高原寄予了殷切期望。他说，希望这个耗资3000万令吉、由华巫财团共同投资的项目完成后，成为马来西亚最受欢迎的度假胜地，并成为海外游客的旅游目标地。仪式之后，首相东古在工程及邮电部长陪同下，参观设在该处的微波电讯塔。

首相东古说，父亲在没有获得政府资助的情况下，开发了一个高原旅游胜地，让马来西亚人民享用，同时也为马来西亚的旅游业作出贡献，他深受感动。这时，首相东古说了一句将改变云顶命运的话：为了推动云顶这个偏僻地区的旅游发展，政府会从优考虑让云顶开办赌场。

父亲不赌博，但对于赌场能吸引大量客流是十分清楚的。听到首相东古一席话，他当机立断，马上改变计划，把酒店客房的数目提升到200间。

父亲认为这是个千载难逢的好机会。由于马来西亚是禁赌国家，没有先例可以参照，而中国澳门地区和韩国的赌场经营则十分成熟，于是父亲决定考察当地赌场经营的方式，再观察是否有邀请人合作的可能性。

1969年4月上旬，父亲飞到了香港，百般周折后，约到了当时在澳门赌界数一数二的人物何鸿燊，也就是闻名世界的澳门赌王，并相约20日一起吃饭。

20日的宴会上，父亲向何先生道明来意后，何先生不置可否地笑了笑。父亲明白他的意思，自己连赌场的执照都还未拿到，又哪有什么资格谈合作的事呢？

4 月 28 日，也就是父亲返回吉隆坡的第二天，父亲通过首相东古的私人秘书拿督聂哈山，向马来西亚政府提呈赌场的申请书。刚巧当天下午内阁召开会议，父亲的申请书获得即席审理。到了下午，即呈上申请书的 6 小时后，喜讯传来，说父亲的申请被批准了，需要前往领取有关的批准函件。

事后父亲获悉，在当天的内阁会议中，首相东古曾征询当时的内政部长敦依斯迈有关批准在云顶开设赌场的意见。敦依斯迈表示支持，认为马来西亚国内有一家合法赌场可以打击非法赌博活动，促进治安的稳定及国家旅游业的发展。他也认为，云顶上下只有一条山路，在山顶开设赌场在安保方面比较容易控制。在没有阁员反对的情况下，赌场的执照便顺利地批下来了。

过了不久，1969 年 5 月 13 日，爆发了震动华人世界的“种族冲突事件”。父亲相信，如果在办理申请手续的过程中稍有怠慢，他就不会在该事件发生后的政治敏感情况下获得赌场执照了。随后一位人士提呈的赌场执照申请果然被拒绝了，这印证了政府的政策，不会再发出赌场执照。

父亲把获得执照的消息告诉了何先生，并把批准公文电传给他。两个星期之后，父亲再次飞往香港与他洽谈经营赌场的合作问题。对父亲可以在这么短的时间内就能够获得政府的批文，何先生感到不可思议，说父亲是全世界最快拿到执照的人。然而基于某些原因，他们最终未能就合作的事宜达成协议。

两年后，父亲和首尔唯一的赌场经营者成功地签署了一份为期 3 年的合约，由韩国人协助管理云顶赌场。可惜他们的合作只维持了 9 个月，就在双方同意的情况下结束了。从此云顶独自经营有关的业务，从中学习，渐渐地掌握了管理的技巧。

父亲还记得在 1970 年正月，他应邀到马来西亚财政部长敦陈修信的办公室和他举行会议。会议的一个主要课题是云顶赌场执照的有效期。

陈部长告诉父亲，赌场的执照费得在执照颁发前及随后更新前预付。云顶正处于起步阶段，需要大量资金运作，因此父亲恳请他允许自己以分期付款的方式支付可观的执照费。

为了减轻云顶在资金周转上的负担，陈部长建议把执照的有效期减为 3 个月，这实质上就是让每年的执照费分 4 期摊还。

父亲非常坦白地告诉他，3 个月的执照有效期实在短得令人难安。陈部长叫父亲不必担心，只要云顶循规蹈矩，好好地遵守执照条件，政府就会让执照自动更新。他还以银行、百货商场及咖啡店为例，说这些行业的执照都得每年更新一次，可是这些从业者中，不曾有任何人在没有违反执照条件的情况下，在更新执照时遇到麻烦。

有了陈部长这样的保证，父亲就接受了他的建议，以季度的方式发出赌场执照。

第七章　云顶启业

1971 年 5 月 8 日，云顶高原酒店正式开业，一个崭新的时代到来了。

云顶高原可谓一出生就风华正茂，建成之时，就是整个东南亚地区最为先进和现代化的游乐场所，并已经将吸引全球游客、发展成为马来西亚顶级的旅游胜地作为自身的奋斗目标。开业当天，举行了盛大的剪彩仪式。彭亨苏丹殿下等 1000 多位贵宾受邀参加。苏丹殿下在致辞中说，开业日期也选得很好，因为太平洋旅游协会的代表正在吉隆坡访问，如果来此参观，必定会交口赞誉。

开业第一天，九层高的云顶高原酒店 200 间客房全部订满。当时的房价，最便宜的是单人房 24 元每间，最贵的是二房一厅的贵宾套房 234 元。当天开业的仅有西餐厅、酒吧、赌场和夜总会，公司宣布缆车、游泳池、瀑布和高尔夫球场正在兴建，在五年内，将完成包括住宅城、购物、医院等大部分建设。交通方面，以巴士为主，的士为辅。酒店安排了两辆巴士，每日从吉隆坡循环往返云顶高原，全程为 1 个半小时。当然，道路已经开通，游客也可以直接开车前往。

云顶此时的管理层配置是，丹斯里胡先西迪（Tan Sri Hussein bin Hj Mohamed Sidek）担任董事局主席，父亲担任董事经理，陈群川任酒店总经理。实际上公司主要事务都由父亲决定。

云顶董事局主席在几十年的发展中，经历了五次轮替。首任主席是 1968 年 8 月—1972 年 1 月，丹斯里哈芝诺担任；第二任主席是 1972 年 1 月—1976 年 3 月，丹斯里胡先西迪担任；第三任主席是 1976 年 9 月—1979 年 5 月，丹斯里易卜拉欣（Tan Sri Ibrahim bin Mohamed）担任；第四任主席是父亲，1979 年 6 月—2003 年 12 月在任；第五任主席是我二哥林国泰，自 2003 年 12 月 31 日至今。

营业初期，云顶高原要解决的首要难题是天气。云顶天气一日三变，终年大雾弥漫，固然如在云端，但给很多户外活动造成不便，如散步、骑马、划船都显得没有吸引力。为此，云顶建设了大量的户外避雨、遮阴设施。

营业之前寄予厚望的高尔夫球场，寻求的是一个日本的合作伙伴。但日本公司要以私人俱乐部的形式经营该球场，也就是只提供给高端会员，普通人不得入内。这跟父亲的经营理念发生冲突，父亲希望经营一个面向大众的、公开的球场。日本公司退出后，留下的是一个烂尾工程，而且所建的球场太过陡峭。为此，父亲又找了专家重新进行设计，并铺植下草皮，仅在球洞一项改造上，就花了200多万令吉。

云顶高原开业后迅速吸引了络绎不绝的游客前来，大大超出了父亲的预期。开业后游客们发现，从云顶高原可以俯瞰首都吉隆坡甚至马六甲海峡；而在马来西亚首都的夜晚，站在高处，竟然也能依稀看见云顶高原的灯光。

夜晚从吉隆坡可以看到云顶高原的璀璨灯光

1972年5月，云顶高原举办开业周年庆典，同时，新建的有71间客房的丽雅酒店正式开业，这也是当时最先进的酒店，每间客房都安装了电话。由于前几个月马来西亚暴雨成灾，父亲宣布，庆典当天的全部收入，都捐赠给马来西亚全国救灾基金。

庆典时，直升机场宣布营业，游客可以从梳邦机场乘直升机直达高原，采用的是直升机，有 4 个座位，票价 35 元，只需要 12 分钟，即可从吉隆坡抵达云顶。

这次庆典活动上，云顶的员工演唱了一首自创的名为《云顶之呼唤》的新歌，分别用马来语、英语和华语演唱。云顶的员工此时已有 1000 多人，各族人都占有相当比例，被政府视为民族和谐团结和促进就业的典范。

云顶的职工人数迅速上升。在高原上安顿职工的住宿及训练职工，也颇费力量。但在经营天才陈群川总经理的领导下，一切井井有条。在酒店服务的职工，无论是酒店接待员、餐馆侍应员、娱乐场人员、接待处人员以及他们的上司们，都能在为顾客提供有效率的服务，他们的脸上常挂笑容，彬彬有礼地为顾客提供称心的服务。

父亲在致辞上说：在过去的一年里，已经有 25 万名游客来到了云顶，但由于客房紧张，仅有四分之一游客在云顶住宿，因此云顶新建了丽雅酒店。同时，通往云顶的公路，护堤工程也全部完工，现在这条道路不会比全世界任何一条山路逊色。

酒店的运营主体是云顶高原酒店有限公司。酒店公司 1968 年 7 月注册，当时为私人公司，法定资本额 700 万元。1970 年，改为公共公司，并于同年 10 月，将法定资本额增至 2000 万元。两者的区别是，私人公司股东限定 50 人以内，不得向公众售卖股份；而公共公司可以向公众募集股份。改为公共公司后，云顶高原酒店公司开始向公众发行股票，并启动了上市计划。

公司致力于发展旅游业，获得马来西亚政府的支持，政府批准云顶高原酒店享受新兴工业地位，由 1971 年 5 月 8 日起，豁免公司所得税，为期六年。这也跟父亲的努力争取分不开。

云顶开业不久，也就是马来西亚第二任首相拉扎克接任初期，父亲就向财政部申请为期五年的新兴工业地位。

新兴工业在发展与布局上不同于传统工业，要求有高投资，大型、超大型设备，高科技投入，高精密度、高质量的环境条件，要求接近科研技术中心。其发展还要同基础材料工业的发展相配套。新兴工业的兴起，将促进工业和整个经济实现新飞跃，影响深远。

虽然父亲已事先得知云顶的营业性质并不太符合申请新兴工业地位的条件，但他还是坚持去争取，因为他相信，获得免税的优惠，不但对云顶初步的发展至关重要，而且从长远来看，对政府也有好处。

在审批的过程中，父亲他们获得安排，与来自马来西亚政府 4 个部门，即国库、内陆税收局、总检察署及贸工部的 6 位高级官员举行对话。赴会之前，父亲的一位高级执行人员还劝他打消尝试改变条规的念头。父亲笑着对他说："别担心，尽管跟着来做我的传译吧。"

对话一开始，一位官员就告诉父亲，云顶的开发活动基本上不属于任何工业，因此云顶也不符合享有新兴工业税务优惠的条件。不止这样，像世界其他国家的赌场经营者一样，云顶应该缴纳比一般企业来得高的税务。在现有条例下，该官员的观点的确是无懈可击的。但父亲深信，一个国家的法律应有动力与时并进，迎合时代的需求。

因此赴会之前，父亲已经准备好一套强有力的辩词，以比较分析来证明，政府给予云顶新兴工业地位，最终是划得来的。父亲说，以每年盈利 200 万令吉计算，云顶 1 年应缴的所得税是 80 万令吉（当时的公司所得税率是 40%），5 年的总赋税额是 400 万令吉。这个数目对国家整体税收来说是九牛一毛，可是对正需要大量资金来发展基础设施的云顶来说，这笔钱是举足轻重的。若能免税 5 年，云顶将能够把盈利完全再投资于建设酒店与其他旅游设备，包括人造湖、缆车系统、高尔夫球场和清水祖师庙。落成之后，这些设备将吸引大量游客，使云顶的收入增加好几倍。免税期过后的缴税额也肯定会比政府在免税期间歉收的税额来得高。更重要的是，政府这样做，实际上是在把一头会生金蛋的鹅养得更肥壮，更会下蛋。给予云顶新兴工业地位，就好像给予它一笔贷款，政府肯定会连本带利唱丰收。

在场的官员都觉得父亲言之有理，值得支持。在他们的推荐下，云顶终于获颁 5 年的新兴工业地位，由 1971 年 5 月 8 日开始，免税 5 年。1971 年，马来西亚政府还批准了父亲的申请，把云顶的免税期延长多 1 年。父亲衷心感激政府在云顶起步阶段给予免税的大力支持，让它能够迅速茁壮成长。事实证明这是个双赢的局面。政府随后所获得的税收比当初豁免的税额远远来得高。

第八章　基础设施

旅游业按说跟工业不搭边，新兴工业地位也是父亲从税收角度说服政府官员而实现的。然而对于云顶来说，科技、工业是它真正的底色。早期大规模的筑路、建房，都需要依靠工业力量来完成。但这些只是最基本的条件，云顶高原事实上是建在山巅的一座城市，它还需要水、电、垃圾处理、消防等各种基础建设。这些，都没有现成的经验，需要更为现代化的工业和科技力量。所幸，父亲有着丰富的公共工程的建设经验。

首先是解决供水问题。云顶位于乌鲁加里山 1800 米的山顶上，若要从别的地方直接把饮用水引过来，肯定工程浩大，花费不小，因此父亲必须在水供应上自给自足。他想，云顶的高原地带，溪流遍布，肯定会有适当的水源。凭着地图和自己第一次登山勘查所得的资料，父亲圈定了有潜能的地区，然后动员作实地勘查。

很快，父亲就在乌鲁加里山找到了一处理想的水源。在考虑到排污的需要后，他们决定把山峰的另一边辟为排污区。这么一来，水源供应和排污系统界线分明，就可以避免发生水源受到污染的问题。

他们的第一个供水系统，就是建造一个集水站，从最靠近山峰的溪涧集水储存，经过净化处理后，用水泵抽送到山顶的酒店，然后再输往其他分布点。来自山涧的水都非常清澈干净，只需要简单的净化程序就可以饮用了。

随着酒店与游客数目的增加，一个水供系统已经不能应付与日俱增的需求。父亲的侦察队伍在乌鲁加里山较低的一个山谷找到了另一个重要水源。这次，他们的供水系统采用了与第一个系统倒反的做法，把生水泵上山顶后才净化。这个系统比较昂贵，因为他们必须设立 4 个集水站、4 个水泵站及多台发电机，可是容量就大得多了。

在山顶上，他们设有多个每小时可生产 6 万加仑的滤水设备。经过处理的食水被存在一个容量 160 万加仑的蓄水池里，然后再分送出去。云顶未雨绸缪，在第二个水泵站设立了容量更大的第二个滤水设备和蓄水池。

半山区的供水，开始时是从山顶通过一条直径两寸的水管和一个大水槽直接供应。随着该区蓬勃的发展，原来的系统已经是供不应求了。于是他们在那里设立了另外的供水设施直接为当地供水。随后，父亲也在斯里拉央建设了 1 个每小时可以生产 4.5 万加仑食水的滤水设备以及一个可储存 100 万加仑的大型蓄水池。

为了应对拥有6300间客房的第一世界酒店与广场的供水需求，父亲特别建造了一个储存量达8000万加仑的蓄水池及另一个滤水厂。到目前为止，云顶共有6个滤水厂和14个蓄水池，以满足每天400万加仑饮用水的需求。

为了确保能够源源不断地为云顶提供高品质的饮用水，父亲保留了大片的森林作为集水区，并尽量让它们远离发展区以避免水源受到污染。

其次，要解决用电问题。开始的时候，父亲使用12架大型发电机，通过一个中央发电系统为整个云顶高原提供电流。但是，随着云顶的迅速发展，这种方法很快就行不通了。70年代后期，父亲要求马来西亚国家电气局为云顶提供电流供应，但是被拒绝了，原因是云顶距离山脚的国家电力网有20千米，要翻山越岭地衔接电缆。这样做，不但困难重重，而且费用庞大。政府既然帮不上忙，父亲只好又自掏腰包，把云顶本身的电流供应系统和国家电力网衔接起来。整个工程建设，包括沿途设立电缆铁塔和电流输送分站，耗资2000多万令吉。

然而，这个工程的最大挑战是如何克服在覆盖着浓密森林的山坡上施工的物流困难。由于沿途的工地绝大多数都无路可走，父亲不能用罗里和四轮驱动车子载送器材和人员。解决的办法是出动直升机把器材和组件吊送到工地，而工作人员则需要每天徒步穿过密林去干活。

在这种困难的环境下，工程的进度相当缓慢。尽管如此，父亲还是在预定的时间内完成了任务。到了1984年4月，整个云顶高原都享有由马来西亚国家电力网直接供应的电流便利。为了确保云顶不会因政府电供故障而停电，父亲不惜再耗巨资，保留及提升原有的发电设备，充作后备。

接着是解决消防安全问题。消防安全对任何大型酒店建筑群都是至关重要的。对云顶来说，这更加不必说了，因为它坐落在高山上，远离大城市，一旦发生火患，远水不能救近火，就只能靠自身的能力灌救了。

在消防局的训练协助下，父亲设立了消防队。一座设有电信警报系统与全套灌救设备的5层楼高消防大厦也在1982年落成。为了加强安全措施，父亲也安排在山顶挖掘了一个1.6公顷的人造湖，一方面供游客泛舟作乐，同时也充作后备消防水源。

1997年2月21日，在马来西亚第四任首相马哈蒂尔的见证下，云顶集团将易名为名胜世界消防局的云顶高原消防与救援局正式移交给政府。同年8月，名胜世界有限公司赠送了总值820万令吉的2辆德国消防车与特殊的高山灭火消防配备给该消防局，使它成为全马来西亚设备最好的消防局之一。

最后是环境保护。云顶每日都有数万名游客前来，自身的运营也会产生大量的垃圾，这些垃圾大致可以分为两类，一类是废水，另一类是固体废物。对于废水，由于主要是生活污水，很少工业废水，云顶建设了最先进的污水处理厂，在山上产生的所有污水，都在净化处理后符合国家标准才排放出去，不会对任何一条溪流造成污染。对于固体废物，云顶设置了先进的分类处理系统和垃圾焚烧炉，能回收的回收利用，不能回收的，则焚烧处理。

父亲向来重视大自然的保护。在整个发展云顶高原的计划中，环保总是优先的考量。在发展云顶的初期，曾有许多木材商献议用大量的金钱来换取这地区的伐木权，但都被父亲断然谢绝了。

事实上，除非万不得已，父亲是不会允许砍伐树木的。在设计上，他多数选择建设高楼，既能节省土地，也可以减少砍伐森林。在父亲生前，云顶高原的发展只用去了 175 公顷或所拥有的土地的 4%，其余 96% 的土地仍旧是原始森林。在开发了的地方，父亲也不惜大量的花费，长期展开植树和推广园艺的工作。而且，云顶还拨出 700 公顷的土地作为政府森林保留地。

父亲多年来在环保方面所作的努力已受到国际的肯定。1999 年 7 月，国际稀有鸟类生活俱乐部就因慕名云顶阿娃娜酒店周围的自然环境而在那里举行了世界大会，吸引了超过百名的鸟类爱护者，包括该俱乐部的名誉主席、约旦的诺尔皇后。父亲很荣幸地在这次盛会中受邀成为英国国际稀有鸟类生活俱乐部的第一个马来西亚会员。

2002 年 10 月 15 日，马来西亚公布了有关管制开发高原的严厉条例，父亲对此相当认可，他认为应该严厉防止环境受污染、土崩、侵蚀及其他原因伤害。

第九章　旅游贡献

在父亲的带领下，云顶世界从一家只有区区 200 间客房的酒店发展为拥有超过 1 万间客房的五家酒店联盟，提供国际级水平的娱乐设施、户外兼室内主题游乐园、各种游戏设施、演唱会场地、酒店住宿、餐饮店铺……彻底将云顶高原变成一个海拔 2000 公尺的娱乐城。云顶高原发展成为马来西亚的“国家名片”和旅游业的象征，凡是到过吉隆坡的游客，言必称云顶。父亲早期辛劳的付出，也终于得到回报。

1971 年，云顶有限公司在吉隆坡股票交易所上市。身为大股东的父亲，在家人与专业管理人员的协助下，继续掌管公司。云顶的业务蓬勃发展并多元化，除了原来的旅游与休闲活动外，还进军种植业、房地产及其他领域。为了使其个别业务能够更妥善地集中管理，父亲决定进行业务重组。

1989 年，父亲成立了名胜世界有限公司，集中经营云顶旗下所有的旅游活动。这是个重要的行动。同年年末，名胜世界在吉隆坡股票交易所上市，以每股马币 2.30 的价钱公开发售 1.9 亿股股票，其中 30% 保留供当地人认购。

接手负责云顶的旅游业务后，名胜世界马上着手推行耗资 20 亿令吉的五年（1990—1994 年）发展计划，大力提升云顶高原的旅游设施。增添的项目包括兴建拥有 821 间客房的名胜酒店、313 间客房的阿娃娜酒店及 888 间客房的高原酒店；室内游乐场、3 座雇员宿舍、2 座停车场、污水处理厂及环保的垃圾焚化炉。

1997 年亚洲金融危机，虽然经济不景气，但父亲仍然决定依照原定计划兴建耗资数 10 亿令吉的云顶第一世界酒店与广场。许多唱反调的人与抱怀疑态度的投资者曾质问，为何在经济萧条时还需要搞发展。父亲的回应是，在这时期，工资比较便宜，熟练技工也比较容易找，而且在这艰难的时刻大兴土木有助于制造就业机会及刺激建筑业。

马来西亚当地的一位媒体评论员在 2000 年 9 月的一篇有关房地产的文章里说："即使有全世界最好的旅游胜地，如果交通不方便，或没有完善的水电设施，就很难吸引到（像云顶）这样的游客数目。"

所以在发展云顶高原的过程中，基础设施向来是父亲的首要考量。在交通方面，父亲一直都不遗余力地想办法使游客能够更安全、更方便地到云顶高原游玩。早期，只有单车道的登山公路交通拥挤，上云顶的车程需要超过 1 小时。父亲觉得有必要增辟多一条登山的道路。这条公路使来自北马的游客可以缩短大约 70 千米车程。这条通道于 1993 年 8 月 1 日开始通车。

为了让上下云顶的游客更安全舒适，父亲投下了将近 1.2 亿令吉，把山脚到梧桐再也的 10 千米路段提升为四车道的摩登公路。父亲也不惜再耗资 1.28 亿令吉，建造了青云道缆车系统，为游客多提供了一个登山的交通选择。青云道起自半山的梧桐再也，长 3.4 千米，每小时可以运载 2000 名游客上下云顶，单程只需 12 分钟。1998 年 12 月 9 日，这个东南亚最长和世界最快的缆车系统由首相马哈蒂尔主持通车仪式后开始投入服务，它很快成为一家大小喜爱乘坐兜风的热门玩意儿。父亲很高兴看到这发展项目广受欢迎，为游人带来许多欢乐。

现在通往云顶高原的公路

这样，从吉隆坡到梧桐再也只需 45 分钟的车程。在那里转乘缆车登山，多 12 分钟就到了。这意味着，从吉隆坡到云顶，全程只需大约 1 小时罢了。

父亲去世后，云顶对缆车系统再次升级。目前运营的云天缆车，全程 2.8 千米，只需要 10 分钟左右，替代青云道缆车成为全东南亚最长最快的缆车。

云顶高原对于马来西亚的经济，尤其是它的旅游业，作出的贡献有目共睹。在马来西亚不遗余力地把旅游业发展为服务业关键的一环的时候，云顶崛起成为一个数一数二的国际度假胜地可说正合时宜。

父亲在云顶完成的许多发展项目，如青云道缆车系统、清水祖师庙及最新的第一世界广场，现在都成了重要的旅游景点。父亲充满信心，旅游业将会在马来西亚的经济中继续扮演重要的角色。云顶主要的业务是消闲与娱乐，与马来西亚的旅游业唇齿相依，在过去与未来都会是这一领域的一股强劲推动力。

数据显示，虽然发生了亚洲金融危机，截至 2003 年，到访马来西亚的游客人数增加了一倍，而游客消费也增长了 4 倍，从 100 亿令吉增加到超过 400 亿令吉。在同一个时期，到访云顶高原的游客人数（差不多一半的酒店登记住客是外国人），比到访马来西亚其他景点的游客人数始终都来得高，这证明了云顶对本地及外国人都深具吸引力。

父亲相信云顶广受欢迎的一个主要因素是它气候宜人，交通方便。它处于海拔 1800 米的高度，终年享有春天般清凉的气候，平均温度为 15—22 摄氏度。从吉隆坡到山顶的绝大多数路段是 4 车道的公路，只需 1 个小时的车程就可到达。为了保持它的“马来西亚最佳山路”美誉，父亲每年在维修方面花费 600 万令吉。在过去超过 30 年里，云顶的山路从来没有关闭超过 2 小时。

云顶高原的主题游乐场设施琳琅满目，前所未有的新鲜玩意儿层出不穷，让游客觉得再也不需要长途跋涉就可以享受最先进的娱乐设施了。

晚霞掩映下的云顶高原

2002 年 7 月 26 日，在云顶第一世界酒店与广场开幕典礼上，首相马哈蒂尔说：“云顶的成长反映马来西亚的成长。”

像马来西亚一样，云顶自 20 世纪 60 年代以来已从初生儿的阶段走过了漫长的一段路。在马来西亚向成为发达国家的目标作最后冲刺的这个关键时刻，父亲深信云顶将能够通过在旅游基础设施上大量投资而继续在服务领域中对国家作出积极的贡献。

第十章　幕后英雄

提到云顶高原的创业者，人们都会想到父亲。但父亲认为，云顶高原取得的成就，不是他一个人的功劳，跟马来西亚历任首相的鼎力支持、公司高管的聪明睿智、职员们的积极努力都密不可分，大家“遇山一起爬，遇沟一起跨”，克服了无数困难，才迎来如今的辉煌，而他只是站在前台的一个人物。

马来西亚的五届首相，都对云顶高原的事业进行了大力支持。第一任首相东古，从第一次见到父亲就给予热烈的鼓励与支持，后来颁发了马来西亚唯一的赌场执照给云顶。

第二任首相拉扎克，多次造访云顶高原。父亲一直清楚地记得他在 1975 年第一次到访云顶的情景。那是一个风和日丽、天气清爽的早上，父亲有机会带他四处参观。他当时戴着一顶帽子，手持拐杖，在我父亲的陪同下快步走到蓄水槽的地点，即目前云顶酒店咖啡厅下面。

在该处，首相拉扎克居高临下，吉隆坡、文冬及峇冬加里

云雾缭绕的云顶高原

的风景尽收眼底。他迎着阵阵清爽的微风，环顾四周，情不自禁地说:“美极了，就像瑞士一样！”首相拉扎克赞扬父亲一手把一片荒山发展成一个旅游胜地，对国家旅游业作出重大的贡献。这让父亲激动得一晚难眠。

首相拉扎克云顶之行后不久，内阁就同意了让马来西亚所有高原旅游胜地的经营者享有 6 年的新兴工业地位，比原来的 5 年多了 1 年。这项优惠，使云顶在税务上节省了 800 万令吉，我们把这笔资金再投资到云顶的发展上。

第三任首相侯赛因・奥恩以另一种方式表达了他对云顶的支持。1978 年一个天气晴朗的日子，首相侯赛因・奥恩一行人到云顶阿娃娜高尔夫球场打球。打到第 7 洞时，他说球场的山坡太陡了很难打，就歇了。过后，父亲与首相侯赛因・奥恩在附近缆车站谈起此事时，说已经聘请了一位著名的美国专家重新设计球场，并将把它提升为 18 洞的现代化高尔夫球场。

谈话间，首相侯赛因·奥恩告诉他，政府很赏识父亲在发展云顶高原上对国家旅游业所作出的贡献，因此他准备向政府建议封赐丹斯里勋衔给我父亲。

丹斯里是马来西亚非政治人物所能得到的最高勋衔，父亲感到自己条件不足，说自己不够条件受封丹斯里这个崇高的荣誉。他说，政府若要封丹斯里的勋衔，倒不如让云顶享有多一年的新兴工业地位，让云顶有更多资金来提升道路的水平和推行其他的发展计划。首相侯赛因·奥恩微笑着对他说，封赐丹斯里勋衔是政府对他个人对国家贡献的肯定，这是一种荣誉，不是金钱所能买到的。1979 年 6 月 6 日马来西亚最高元首诞辰那一天，父亲受封赐为丹斯里。

第四任首相马哈蒂尔一样非常关注云顶高原的发展并给了许多宝贵的建议。在不少公开场合中，首相马哈蒂尔都热诚地表达了他对云顶的支持和赞扬父亲对国家的旅游业及经济所作的贡献。1990 年 8 月 11 日，首相马哈蒂尔在出席云顶集团 25 周年纪念所设的晚宴上，说了以下关于父亲的一番话：

“云顶的故事其实就是丹斯里林梧桐的故事。马来西亚不乏成功人的成功史，但像他这样的成功史是前所未有的。从丹斯里的成就，您可以看到，虽然一个人不在本地出世，他仍然可以在马来西亚把他建造商业王国的美梦落实。他只受过几年的正规教育，不会讲英语，只能口操福建话及简单的国语，却能在商场取得骄人的成就，真的不容易。”

父亲认为，历届首相的英明领导，为马来西亚带来政治与社会稳定、蓬勃的经济发展与繁荣，也为马来西亚在国际上打响了知名度。在这样一个良好的环境中，云顶才能够继续茁壮成长。

在开发云顶的过程中，父亲有幸得到一些好友的大力支持。其中要特别提到的一位，就是与父亲有莫逆之交的丹斯里哈芝诺。

父亲是早年在柔佛峇株巴辖与人合股开采铁矿时认识丹斯里哈芝诺的。那时他是柔佛州议会的一名行政议员。过后父亲与他成为好朋友及开发云顶高原的长期搭档。

20 世纪 60 年代是大马时局动荡的时期。在这时期发生的事情包括马来西亚的成立、印尼的对抗及新加坡脱离大马。就在这风起云涌的时代背景下，父亲和丹斯里哈芝诺开始进行开发云顶高原的艰巨工作。

当许多朋友都给父亲泼冷水的时候，丹斯里哈芝诺始终坚定地与父亲站在一起，并肩作战。没有他全程的鼎力支持，相信云顶高原的发展就很难成功了。两人合作无间的搭档关系，一直维持到他于 1987 年辞去公司执行董事的职位为止。

在云顶开发初期，父亲有缘在 1970 年得到陈群川先生加入公司服务。两人的相识始于 1968 年。当时内陆税收局和我们的家族公司在估税上发生异议。公司的秘书就把陈先生请来协助解决问题。

在益梳（Esso）公司服务的陈先生一连 4 天在下班后就来详细审查账目与税务的计算。结果他发现，父亲不但不需要缴付政府追算的40万令吉所得税，而且因为没有扣除孩子教育及开发新园丘的费用而多付了46万令吉的税务。多付的税额中，有16万令吉可以索回，其余的因为已超过追讨时限而不得不放弃了。陈先生替父亲进行追讨，在6个月内就获得了退款。

父亲发觉陈先生是个人才，就邀请他加入云顶。他于1970年加盟成为云顶的总经理，负责行政与管理的工作。当时云顶的开业准备工作正进行得如火如荼。陈先生的加盟使父亲工作的负担减轻了不少。

但可惜他只服务了大约7年，就因接受了马华总会长拿督李三春的邀请出掌马华合作社以及决定参政而提出辞呈。过后，陈先生当选文冬国会议员和马华公会总会长。

父亲被视为一名成功的管理者，他说："我的管理之道，源自经验的积累。"父亲特别重视人才，并且对于行业领域的顶尖人才给予充分尊重和自主权。长期以来，父亲不遗余力地网罗各领域人才为公司效劳，并建立现代化的企业管理制度。

用人方面，父亲强调诚信。父亲认为诚信是做人最基本的道德，所谓"人无信不立，政无信不威，商无信不富"，他信守承诺，信人不疑，委以重任。他说："一个人才，除了学历、品性与工作能力是必备条件，忠实更可贵。"父亲也一直非常重视员工的福利，将员工收入的提高列为云顶的核心发展计划。因为父亲不负员工，员工也不负父亲，彼此休戚与共，合作无间，云顶成立几十年，基本没发生过重大的人事纠纷。

1996年，父亲和云顶集团被马来西亚人力资源部授予“最体谅的雇主奖”。

父亲的管理哲学，深受道家“无为而治”和儒家“以人为本”思想的影响。他认为人才是企业管理的根本，因此他一直大力招揽各方面的专业人才，并放手让人才各尽其能。

父亲特别看重的品格是韧性。他经常教导我们要善于从挫折和失败中吸取经验教训。父亲一生都将勤俭视为人最大的美德，尤其是在事业成功之后。勤以增收，俭以节支，勤而俭才能育才致赢，否则，用之无节，犹如漏后不补，必致财源流失。

在为人处世方面，父亲时时强调的两个字是和谐。他认为做任何事，人与人、人与自然都要和谐相处，做事要顺应自然规律，使人与自然一体。身处异国他乡，上无“天时”，下无“地利”，只有一个“和”字，是最广泛的外交哲学。在生意场上，他注重建立和保持良好的关系，重视商人之间的合作和相互扶持；在企业内部，追求协调同事间的人际关系，达成内部人际和谐。

第十一章　特别年份

1997年，对于云顶高原，对于父亲，甚至对于我自己，都是一个很特别的年份。这一年发生了很多事，一些事情将在今天产生影响。

1997年让人印象深刻的是当年爆发的亚洲金融危机，马来西亚深受其害。从这一年起，马来西亚开始调整对外经贸战略，由美日为主，改为中国市场为主。中马关系此后节节升温，彼此成为兄弟国家。

1997年对于云顶的发展，也是重要一年，在这一年里，东南亚最快速的缆车系统开始建设，梧桐再也小镇揭幕。云顶第一世界酒店与广场，也是在1997年兴建的，耗资数十亿令吉。

建成后的云顶第一世界酒店，后经扩建后拥有7351间客房，创下吉尼斯世界纪录，成为全球客房最多的酒店。当时很多企业受经济危机影响，纷纷压缩开支，裁减员工，很多在建工程停下来最终烂尾。但父亲认为，在经济萧条的时候继续搞发展，工资比较便宜，而且熟练技工也容易找，此时大兴土木，有利于刺激和恢复经济。父亲的远见卓识，因此受到时任首相马哈蒂尔的称赞。

1997 年，父亲 80 岁。按照华人传统，八十大寿得好好庆祝。父亲建议将他的大寿跟云顶的周年纪念日放在一起庆祝，所以庆祝时间就选在了 8 月 22 日，晚宴地点定在帝苑大酒店，当日宾客云集，父亲的很多好友都到场庆祝。父亲也兴致勃勃，跟每一位来宾热烈交谈，回忆往事，分享经验。云顶高原酒店将庆典当天的酒店房价，对海外游客全部定为 1 元钱，引起轰动，父亲生日和他一生的传奇经历，也引起街谈巷议。

作为晚宴节目，我和几位哥哥、姐姐，还为父亲、母亲 53 周年结婚纪念创作了一首歌曲《感谢你》:“呵，亲爱的妈妈，衷心感谢你的爱，愿欢乐和幸福像花儿开在你心田。呵，亲爱的爸爸，衷心感谢你的爱，我美好的祝愿带给你吉祥平安，平安。”演唱完毕，我看见父亲、母亲的眼睛都湿润了。

这次宴会上，父亲特意向所有来宾介绍了我二哥拿督林国泰。二哥此时担任云顶集团的联合董事经理，包括丽星邮轮等重大项目，都出自二哥的手笔，深得父亲信任。事后，一些媒体对这次宴会的报道标题就是《云顶集团二代掌门人呼之欲出》。事实上，此时父亲已经决定退居二线，由二哥接替他掌管云顶集团旗下的全部产业。但二哥认为自己不够成熟，执意一切仍由父亲做主。此后的几年间，二哥逐渐掌握了集团的

2003 年 12 月 31 日，父亲将云顶集团全权交接给二哥林国泰

全部重要业务部门，到 2003 年 12 月 31 日父亲以移交“金钥匙”的形式作名义交接时，二哥早已是云顶集团事实上的“当家人”。

宴会上，首相马哈蒂尔对父亲说，他应该把他的一生写一本自传，其中的人生经验不应该私藏，而应该让后来者学习。父亲平生十分低调，很少接受媒体记者采访，所以关于他的故事，传说很多，谬误也多。

事实上，父亲在 1997 年夏的时候，已经组织了一个写作小组，其中包括聘请的传记作者和父亲的助理等人，正在帮助他收集整理资料，正式启动了自传写作工程。父亲八旬年纪，对于过往仍然历历在目，能条理清晰地陈述往事。

自传的初稿由写作小组在 1998 年年底完成。此后，父亲对传记中提到的事实逐个进行核准、修订，并亲笔改写内容，到 1999 年终于完工。但父亲又将书稿压在了桌底。一直到 2003 年年底，才以中、英、马来文三语分别出版。出版时，马来西亚历任首相应邀为自传作序，他们对父亲的一生，作了高度评价。

自传中，父亲以他一贯的谦逊说："我要讲的，不是什么伟大的成功史，也不是足以给世人上一课的创业指南，我只是觉得，我有义务在马来西亚的企业史上填补缺少的一章，并与大家分享我的创业经验。"

这一年，父亲的身体也遇到严重的危机。父亲很重视身体健康，用他的话说："健康才是最大的财富。"所以平时若有病恙，绝不延医。日常生活中，父亲的饮食以清淡为主，尤其在晚年，一餐饭通常是一碗稀粥或一碗粿条汤，极为简朴。但在 1997 年年底，距离农历新年还有一个月的时候，父亲的心脏病突然严重。

当时他感到胸口非常不适，便找新加坡的一位著名心脏专科医生检查。检查结果发现父亲 3 条心瓣管道中的两条操作不良。医生认为病情非常危急，需要马上动手术，否则他的心脏恐怕连回吉隆坡的短程飞行都承受不了。但父亲对此不以为然。因为早在 1982 年，美国纽约罗切斯特的马耀医院（Mayo Clinic, Rochester）的医生已经告诉他说，在他这样的高龄，心瓣管道会逐步硬化，心瓣膜的状况也会恶化，但他们说无须太过紧张，不过应该注意作定期检查，最好是每半年一次。

父亲对自己心脏健康状况比较清楚，所以没有给医生的话吓倒。但这个警告让他提早前往马耀医院作例常检查。从新加坡回来后，父亲去道华佳（Tawakal）医院征询了一位心脏专家的意见。他认为心瓣膜虽然操作欠佳，但还不需要立刻动手术。然而在接下来的两个星期内昏厥了两次后，父亲知道再不能够拖延下去。于是管不了再过一个星期就是农历新年，立即飞往美国。

在马耀医院的一系列测试证实父亲 3 条心瓣管道中的两条已失去了大部分功能，而且一条通往心脏的血管也阻塞了。他们认为不需要马上动手术，但最好在 6 个月内更换心瓣膜。至于那条阻塞了的血管，他们认为不需要动手术。

父亲心想，既然已经来了，就干脆趁健康状况尚好把问题解决了。手术在新年前 5 天进行，更换的人造心瓣膜是以牛皮纤维做的，可耐用 20 年。动手术的前一晚，父亲惊喜地接到首相马哈蒂尔的电话。他说会为父亲隔天的手术成功祈祷。首相的一片关怀，让父亲非常感动。

手术只花了 1 小时，大年初一就出院了。但由于身体状况尚不宜作长途飞行，便在附近的一家酒店休养。为了让医院房间增添一点中国春节的气氛，手术医生还送了一串气球给父亲。但在一个晚上，父亲在房里踱步时停下来抬头看在天花板下飘动的气球，突然间一阵眩晕，整个人眼看就要倒向金属桌子。父亲大声喊救命。门外的助手马上冲进来，在他倒下之前一把扶住他。若倒下时头撞到金属桌子，后果难料。

手术后的第 11 天，父亲就回马来西亚了。又一个 11 天后，父亲已能够上云顶陪同首相马哈蒂尔出席了青云道缆车系统启用仪式，还一起乘坐缆车登上云顶山顶。

在这之前，父亲还有一次健康危机是在 1981 年。当时父亲的胆结石突然发作，找了新加坡等几个地方的医生诊断，一致认为结石生在与肝相连的地方，非常危险。后来又到美国马耀医院检查时，医生却认为只是普通胆结石，并不难做手术。父亲选择了在马耀医院做手术。手术之时，父亲又想将老是发炎的盲肠也一并切除。于是医生拍了 X 光片，在检查 X 光片时，竟然意外发现，父亲的右肾生有一粒恶性肿瘤，而且已到末期，会在 3 周内爆裂。这让我们极度担心。马耀医院的医生决定同时切除父亲的右肾和胆囊，但暂时不动盲肠。经过 4 个半小时的手术，父亲又跟死神搏斗了一次。休养 3 个月后，父亲又如日常一样工作了。

后来，父亲的身体在 1999 年和 2001 年，还遭遇过两次危机。1999 年是心脏内膜受到细菌感染，体内红血球数量急剧下降，持续发烧。最后还是在美国马耀医院的精心治疗下，得到好转。但父亲这次瘦了几乎 20 斤，身心受尽折磨。2001 年时，父亲的血钠含量极低，医生一直未能确诊，怀疑是肠道出血，在新加坡鹰阁医院住院期间，又得了肺炎并发症，最严重时，昏迷了整整 5 天，让我们焦虑万分。

还记得在那不久前，我正在中国首都北京的北部，寻觅理想的可以投资的滑雪场。然后发现河北崇礼雪质非常好，而且距离北京也不远。回国后，我跟父亲也谈到我想在中国做一个大型休闲旅游项目。父亲非常支持我到中国发展。他说，神州大地，处处生机勃发，是个值得托付终身的地方。他甚至说，将云顶高原的事业托付给我哥林国泰，然后他亲自陪我到中国发展。

第十二章　梧桐再也

去过云顶高原的游客，对于缆车的起始地、云顶高原的卫星镇——梧桐再也（Gohtong Jaya）都有深刻的印象。这个小镇是在时任首相马哈蒂尔的建议下，父亲于 1993 年亲手规划建设的。这里也是父亲在 2003 年退休后，一直居住的地方。

梧桐再也距吉隆坡只需 45 分钟车程，距离云顶高原只有 10 千米。20 世纪 90 年代之前，这个位置，就有一些小商贩在这里叫卖一些小吃、水果和旅游用品，有些开车上山的游客，也会把这里当作一个落脚点。

后来首相马哈蒂尔对父亲说，这里风景优美怡人，距离吉隆坡又很近，如果发展一个小市镇，作为云顶高原的中转站，也可以承接云顶高原外溢游客的小镇中心，同时开发房地产和旅游周边产业，必定大受欢迎。父亲也深以为然，就亲力亲为规划建设了这个小镇。

首相马哈蒂尔后来还为小镇的发展提供了很多建议，连

“梧桐再也”这个名称，都是经他认同的。“再也”（Jaya）在马来语中是“成功”的意思，很多本地市镇，都喜欢用这个名称，比如“八打灵再也”。以“梧桐”命名，则是为了纪念父亲作为云顶的垦荒人。

市镇的建设跟云顶高原的建设颇有不同。云顶高原作为一个商业项目，根本宗旨是盈利，使投资人取得回报。而梧桐再也，正应了父亲的名字，“栽下梧桐树，引得凤凰来”，根本宗旨是通过提供完善的城市公共产品，建设一个人们可以安居乐业的地方，具有很强的公益属性。这里的大部分公共基础设施建设，都是免费无偿提供，而不求任何回报。梧桐再也基本全都是由父亲的云顶发展公司建设完成，从提出设想到建成花了6年时间。

1999年3月25日，梧桐再也由彭亨州苏丹阿末莎殿下主持开幕仪式。建成后的梧桐再也镇，背靠群山，面朝公路，紧邻阿娃娜高尔夫度假村，景色宜人，四季如春，空气清新，气温比吉隆坡市区明显低几度。

小镇最初规划占地约1平方千米，随着多年的建设和发展，如今的梧桐再也面积扩大了几倍，有公寓、商店、餐馆、酒店、俱乐部、警察局、缆车站、高尔夫球场、休闲公园等各种设施，还有很受游客欢迎的可以亲手采摘草莓的草莓园和草莓餐厅。除此之外，在小镇附近，还有各种花场，这些花场里面，仙人掌、胡姬花、葡萄、种植菜、百香果和菌类培植场等应有尽有，已经成为别具一格的家居度假旅游特色镇。

1999 年 3 月 25 日，父亲（左二）和母亲（左一）
出席梧桐再也小镇揭幕仪式

梧桐再也的商店、饭店和旅馆的业主大多是华人，因此这里也是个在大马有名的华人社区。全世界的华人来到小镇，都可以感受到浓浓的中国风情。

小镇的餐饮业颇具盛名，很多餐馆成了网红的打卡地，几乎聚集了马来西亚所有的特色美食。这里既有鲍鱼、鱼翅汤这种比较奢侈的高档餐饮，也有咖喱鱼、肉骨茶，炒粉面这种大众餐饮，还有“榴梿炸弹”这类特色小吃。

去云顶高原的旅游大巴，几乎都会在梧桐再也停留。如果游客想感受乌鲁加里山的原始森林气息，这里也是深山徒步探险的一个起点。

正如首相马哈蒂尔预言的，梧桐再也小镇发展起来之后，迅速带动了周边房地产业的发展。随着居民的迁入，第一期的市镇发展已成功落实。父亲及他的团队建造了 3 层楼的店屋，3 层、4 层和 18 层楼的公寓。75% 的单位已在“建造后出售”的概念下售出；其余的单位则在“附带购买选择权的租赁合约”下出售。梧桐再也周边目前密布各类房地产、酒店、公寓项目，这些房地产项目的开发商来自世界各地，还有一些中国的发展商在此购地建楼，也有很多中国业主在此购置一套永久产权的房屋。

2000 年后，父亲大部分时间都居住在梧桐再也的梧桐别墅。2003 年 12 月 31 日，父亲将云顶的管理权正式移交给我二哥林国泰，让我们十分意外的是，对于云顶集团的经营管理，他真的做到了完全不干涉、不过问，除非二哥向他询问他才会提出自己的见解。也许，梧桐再也，就是父亲一生心心念念的宁静所在。在这个小镇，父亲真正过起了隐居和休闲的日子，每天都是喝茶、看报、逛商店、跟不相识的游客聊天，有时还追电视连续剧。一次我去探望他时，聊天主要内容是当时正在播的电视连续剧《包公》。

父亲去世后，我们修建了林梧桐纪念馆和梧桐陵园，既可以用来怀念父亲，又成为了一个新的旅游景点。2017 年母亲去世后，跟父亲合葬在梧桐陵园。

2005 年 11 月，父亲最后一次出现在公众面前，是接受中国中央电视台的专访。在那次专访中，父亲对他的一生作了很多总结和回顾。以下节选部分置于此：

主持人：第一次离开家的时候心里有没有害怕？因为要去一个从来没有去的地方。

父亲：没有，没有害怕。为了赚钱，我做事都很稳当，第一次本来没有成功来到这里，船就撤回去了，第二次才来到这里。在这里正好工作了三年，赚了一些钱，我就回到唐山（故乡）见我的母亲，就那么一次，也是最后的一次。那是我最福气的时候，和我的母亲相处了七个月又七天。在这七个月又七天里我还做了木工，赚钱来孝顺我的母亲，照顾我的小弟。我的母亲在我要出门的时候，交代我要和别人友好，做人要随缘。以前我第一次来到（南洋）是十分安静的，如果人家说了些什么我就只会哭。所以母亲交代我的话，我自己思索以后明白，母亲说的是，头脑就是用来想的，嘴巴就是用来说话的，脚就是用来走路的，手就是用来捧东西吃的。做事的时候，该说的话就说出来。所以我第二次再来到吉隆坡，我遇到我的四叔，我说起什么事情都笑笑，很大声，大大方方的。我的四婶就说我变成另一个人了！

主持人：这个“二战”结束以后，您开始做像废铁、二手机械这些的买卖，然后进入铁矿、锡矿，后来又进入建筑业。看起来您一直非常能够把握大的机会，但是这个中间有没有判断失误的时候？

父亲：没有，从来没有！别人做不了的事情，我做得成功，不成功的事情，我能做到成功，就要做到成功。我做 4 英里的排污沟渠，从吉隆坡（火车站）到巴生路的地下沟渠的时候，英国和新加坡承包商连一个渠管都还没有造好，就已经破产。为什么呢？因为地下的水抽不干，用水泵没有办法将地下的水抽干，我也辛苦了八个月，后来才改良，改用沙泵就成功了。不管我做什么辛苦的事情，我用头脑想办法解决问题，所以我做每一行都能顺利。

主持人：您从小并没有接受过很正规的教育，你觉得教育方面的欠缺对你事业的发展形成过任何障碍吗？

父亲：没有，就像槟城做水坝的时候，那个深沟要做到 6 尺宽才够，我就开到 20 尺、30 尺。用了许多的木材来支撑泥墙，而且没有多收政府的费用（但是当时英国工程师觉得没有必要，还把木板拆了）。有一天发大水，有电话就打来告诉我发生土崩了，压死了五个人。我告诉那个英国的工程师，要在有保险安全的情况下才做，后来他就乖乖地听我说了。我没读过大学，他能做工程师，但是我也不输他，我用头脑也不输他。所以我遇过那么多工程师，那些工程师看我的做法，也无话可说，也不敢得罪我。

主持人：从我们的角度来看，您是一个非常不服输的人，到了晚年实际上您也在跟一系列的疾病在一直在斗争。能不能给我们讲讲这其中的一些故事。

父亲：有一次，我的胆结石要割，在新加坡、吉隆坡都可以割的，我跑到美国割，之后我跟医生说，以前我的盲肠老是疼，让他帮我看看，他看了我的盲肠，后来看到后面的肾脏，生了一个肿瘤，快要爆裂了，那真危险。那是一次。还有一次是心脏，换了一个牛皮心瓣膜，这个牛皮心瓣膜可以耐用20年，这真厉害，是全世界最厉害的。这一刀下去，一个星期就好了。那时候，我心脏的三个心瓣膜坏了两个。

主持人：您害怕了吗？

父亲：不怕，怕也没有办法，我不怕！我有信心！

主持人：您是觉得自己命很大呢，还是觉得每一次自己都不服输？

父亲：要和它拼的。死是注定的，否则不会那样。所以既然是遇上了，我就是这样走，和它斗。

解说：2003年的最后一个清晨，当林梧桐身体中的那个工作狂像往常一样，企图把他从梦中叫醒时，这位85岁的老人仅仅伸了个懒腰，从那一天起，他退休了。

主持人：一辈子这样的劳作，现在真正退休了，心里能够安静得下来吗？

父亲：我已经交给阿泰（儿子林国泰）去做了，我有信心！所以现在我很享受，在家里很享受。

主持人：您觉得自己的儿子们有哪些地方超过您，有哪些地方不如您？

父亲：他们和我是两个样啊！他们敢做外国的（生意），游全世界的邮轮，他们会说英语，会说外国话，比我还厉害！他们的前途比我还要好！

主持人：他们工作的努力程度能够和您相提并论吗？

父亲：更加努力了！昨天6点就去英国了，还要去德国。一个月要出差三个星期，还有一个星期在吉隆坡。回来以后，在办公室做到晚上十一二点钟，每天晚上都这样。

主持人：如果是晚上，灯火都亮起来的时候，您看到山顶一片灯火的时候，您会不会自己都怀疑说那个是不是我做的事情？

父亲：有的，就是这样的。我怎么会挑中这座山的？我自己也不知道。

主持人：对于您来说，这是不是最美的风景呢？

父亲：是最美的。金马仑高原我也不想看了，实在要看就看吉隆坡（云顶高原）。

解说：一场大雨过后，云顶在烟雾缭绕之中更显得神秘，就如同它的主人，住在一栋有着四道门卫的别墅当中，深居简出，在外人看来，也显得高深莫测，然而我所看到的林梧桐却是一个在采访过后安然而惬意地吃着汤泡饭的老人，人生可以很绚丽，人生也可以很简单。

第十三章　重返种植业

20 世纪 50 年代末期，父亲在柔佛州的昔加末买下了 2000 英亩土地，开始种植橡胶和油棕。后来为了筹集云顶建设资金，父亲忍痛变卖了这些园丘。1971 年云顶启业后，业务欣欣向荣，大笔资金回笼，父亲对种植业的心思又活络起来。

1973 年，第四次中东战争爆发。战争导致油价飞涨，引发第一次全球石油危机。连锁反应导致英国股市暴跌，这种情况下，很多英国人把他们控制的大型园丘廉价脱售。

当时，经济形势低迷，也影响到马来西亚，种植概念股票一再走低，很多人都将种植业股当作烫手山芋。父亲却认为这是个重返种植业的好时机。1974 年至 1979 年，父亲在市场上以低价大量买进了可观的种植公司的股票。

1977 年 9 月 29 日，云顶成立了亚地种植发展有限公司（Asiatic Development Berhad），主导云顶的种植业投资。

1979 年，云顶献议亚地种植收购在伦敦挂牌的金希望种植有限公司（Golden Hope Plantations, PLC，又译作金色希望），“金希望”是马来西亚种植业的知名品牌，集团实力雄厚，在当时的种植业占据主导地位。当时金希望的母公司因经济危机大幅度受挫，金希望也遭受波动，难以为继。

这项收购行动在当时引起了相当的轰动，亚地种植刚成立两年，是一个名不见经传的小公司，而金希望是有着悠久历史的种植业“航母”，亚地收购金希望在人们看来无异于“蛇吞象”。金希望母公司震惊之余，即刻着手改组，同时发起争取其他股东支持的运动。亚地功败垂成，收购行动失败后，把手中的金希望股份全部转让给国家投资公司 Pernas（现名 PNS）。

此后，父亲不断寻求其他收购大型园丘的机会。在 1980 年 4 月终于得偿所愿，成功地向香港嘉道理家族收购了橡胶信托集团。该集团在马来西亚拥有 3.3 万英亩的优质园丘，园丘土壤丰沃，地理位置极佳，天气适宜，令人振奋不已。

自收购橡胶信托集团之后，亚地公司信心倍增。1981 年末，亚地又在柔佛收购了 2.5 万英亩的园丘。此次收购面积并没有橡胶信托集团大，气候与环境也相差无几，却让我的父亲感到深刻难忘。他说：“这桩生意，虽说是生意，却救了一家人。”这也是我在早年亲身参与的一个商业谈判。

1981 年 6 月，石油危机牵动的世界经济危机仍在持续。这天，一位地产中介人来见父亲，献议父亲买下位于柔佛的一个大田丘。父亲对这一提议表示很感兴趣，简单地查看与商讨后，父亲就与我及律师飞向新加坡。

飞机落地，父亲便与对方律师约好见面地点，仔细梳理材料，排查注意事项。当时父亲虽步入老年行列，但守信和守时是他一生坚持的作风。在他看来，无论跟谁的约会，都是一样重要，他绝不会因为对方身份而延时或者爽约。

等待期间，父亲也没闲着，跟餐厅其他吃饭的客人闲聊着。律师迟迟赶来后，父亲并无责怪，相反和声善意、故作神秘地说："刚刚那位先生告诉我这家的熏鲑鱼很好吃，那位先生告诉我这家的多味鱼汤很好吃。还好您来了，不然我们三人都不知道吃什么好了。"这话被那两位客人听到，两人和这位律师皆是哈哈一笑，气氛瞬间活跃起来。

晚餐时，正当我以为万事顺妥时，对方律师突然好意劝我们不要浪费时间与精力在这宗交易上。我们三人同时一惊，父亲最先缓过神来，冷静理智地询问。对方律师道出原委说，这个园丘的业主早已过世，将遗产留给了两位遗孀及 12 个儿孙。问题在于，虽然死者有留下遗嘱，受益人却对遗产的分配各持己见。私下争论未果后，交由法庭处理，但因为遗嘱的内容与受益人的争执，官司拖延了 15 年也仍未获得解决。对方律师将事情因果和盘托出，直言既然有关园丘牵涉复杂的家庭纠纷，所以这种买卖不大可能谈得拢。

这个棘手问题如天降横石，将我们准备的一切推翻。我和律师都对这桩买卖不抱希望时，父亲突然来了兴致。父亲并没有因对方律师的好言劝告而放弃，反而将这项交易当作个人的挑战，非要完成不可。

第二天一早，父亲便带着我去拜访一位拿督，吃肉骨茶，拿到了有关受益人的联络电话。在接下来的几天里，我们马不停蹄地登门拜访了每一位受益人，并献议通过收购园丘来协助解决他们长久以来的家庭争端。

最终谈判的日子，父亲提出先出一笔现款，让他们按照各自应得的份额分配。父亲并无其他收购者高高在上的姿态，甚至大方地提醒他们要团结一致，联合起来以卖方的身份和父亲洽谈交易，向父亲索取最好的价钱。

令人惊喜的是，他们竟然真的团结起来与我们讨价还价，这说明生意已见眉目，也说明持续了十几年的家族矛盾已经缓和。在洽商的过程中，我们清晰地发现他们之间的歧见已经逐渐缩小，甚至有受益人为其他的受益人考虑打算。经过两周的奔波及多轮洽商，我们终于成功地和他们达成协议，而他们的家族矛盾也终于冰消瓦解。

在买卖合约签署仪式上，除了一位身在外国的受益人无法赶到，其他的受益人全部出席。他们脸上再无冰冷刻薄，转换成了热情洋溢的喜悦，好像不是洽商的签署仪式，而是家庭聚会的温情现场，场面显得非常温馨。

签署仪式过后，那些受益人满脸笑容地举起香槟与父亲及我们碰杯庆祝，庆祝交易的成功及长久以来的家庭纠纷获得圆满解决。父亲也很开心，他凭借着他的诚恳与智慧，不但以合理的价格购得一个好的园丘，而且在收购的过程中当了鲁仲连，替一个家族解决了长期困扰他们的纠纷。这一过程中，最

早年的我（右一）陪同父亲（右二）考察项目

开心的是我。我既开心我们通过努力与坚持获得了一份满意的回报，也开心在我的一生中，有着这么一位商情分明、善良与智慧并行的父亲。

1982 年 8 月，父亲的亚地种植发展有限公司经过几年的业务沉淀，终于在吉隆坡股票交易所上市，通过云顶的支持再加上父亲创建未来市场的远瞻眼光，一经上市就跻身马来西亚的 10 大种植业公司之列。新人开局，充满着艰险与阻碍，但好在我的父亲都一一化解。

1985 年，亚地种植进行升阶，购买了沙巴发展公司位于沙巴的 1 万英亩油棕园，将业务扩展到了东马。洽购过程中出现了一个关乎收购是否成功的瓶颈。

沙巴发展公司的经理索价 5500 万令吉，但这超出了我们的预算，我们的经理表示亚地最高只能出到 5300 万令吉。双方各执己见，从各自的角度为对方分析利弊，谈判折冲口舌之间。

在双方争执不下的情况下，沙巴发展公司失去了耐心，表示给我们思考商榷最后一个夜晚，隔天沙巴的经理就会飞回沙巴。父亲获知情形后，接手该收购项目，在第二天一早就去见沙巴发展公司的经理。对方惊讶的同时认为父亲亲自出马，是想劝服沙巴将收购价格调低，于是立马摆出一副坚定的面孔，直言道："5500 万令吉，一分不减。"父亲和蔼地笑着，虽不动声色，但随后说的话出人意料，让在座的所有人连同沙巴的经理都为之一惊。父亲表示他愿意出价 5700 万令吉，在沙巴发展公司的标价下再加价 200 万令吉。

父亲虽然已有老年疲态，但他的眼睛深邃透亮，坐姿挺拔坚毅，嘴角的笑容隐约可见，眼光透露出礼貌谦逊。看不出一丝一毫的问题，但这句话让我们几乎都狠狠地吸了口凉气。

父亲等到对方经理缓过神来，又说出两个附加条件："第一，买价分两年摊还；第二，该园丘现年的盈利归我所有。"沙巴发展公司的经理和我们一样，根本没有预想到父亲给出如此诱人的提议，即刻喜出望外，一口答应了父亲的条件，并且在当天就立刻拟定了买卖合同。

事实证明，父亲多出的那 200 万令吉是值得的。从摊还期来说，两年就为我们节省了大约 200 万令吉的利息。并且在年终结账时，该园丘还带来了额外的 1050 万令吉的收益，使我们实际收

我（前排左二）陪同父亲（前排左一）与马来西亚第四任首相马哈蒂尔（右一）在云顶骑马

购价少了大约 1000 万令吉。我们震惊不已，连同亚地成员一同向父亲祝贺，而父亲则说："做生意不要只看当下，要看未来。要有持续发展的意愿。"

亚地种植的最鼎盛时期，累积的地库已超过 10 万英亩，其中的 6800 英亩在东马。至 1990 年，亚地种植发展有限公司已成为马来西亚五大种植公司之一。

父亲去世后，亚地种植更名为云顶种植。目前，云顶种植拥有 11 家油厂，园丘面积为 243500 公顷，遍及马来西亚半岛、沙巴和印度尼西亚。

云顶种植不仅在规模上，而且在高效率和生产力方面都努力成为行业领导者：云顶种植拥有马来西亚首个零废物排放的榨油厂。作为获得国际认证的可持续发展棕榈油生产商，云顶愿意付出更多换取更环保的未来。云顶种植通过基因组研究，发掘更优质的食物原料，化学品和燃料。通过基因排序，培育出高产量的农作物新品种。云顶种植首创改良油棕种子，将棕油转化成价值高、可循环再造的绿色化学品，引领种植业向新方向发展。

第十四章　多元化发展

父亲最初是一个木匠，在安溪老家时，就跟着师父上大梁盖新房。到马来亚后，很长一段时间，都是从事建筑业务。后来云顶高原的建设、梧桐小镇的开发、亚地种植的发展，都是融合了建筑和开发，父亲事实上已经是一个相当成功的地产开发商。

到 20 世纪 90 年代，伴随着工业化和城市化进程加速，马来西亚对于新楼盘、新厂房的需求越来越强，房地产市场火热起来。在这种情况下，父亲对房地产开发的热情再度被点燃，而云顶集团拥有相当可观的地库，进军房地产业，也就成了顺理成章的事。

1993 年年末，亚地种植新设立了一家公司，即亚地置地发展有限公司，该公司是一家专业的房地产开发和建设公司，在几十年的发展中，得益于稳健的财务政策，公司即便在 1997 年金融危机之时仍然在进行扩展。到如今，云顶的房地

1996 年，亚地置地发展有限公司在柔佛古来开展占地 8000 英亩的云顶优美城综合发展计划。图片下方的马来西亚柔佛州与图片上方的新加坡隔海（柔佛海峡）相望

产业拥有一大批建成和在建项目，发展良好。

父亲常被称为“游乐赌王”，人们对他的固定印象是休闲旅游业巨子。事实上，自 20 世纪 70 年代末，父亲就带领云顶集团走上了多元化和国际化的道路，随后在工业制造、信息技术等领域，都颇有成就。

1988 年，父亲成立了云顶杉源集团（Genting Sanyen），主导云顶进军造纸、发电及石油与天然气领域的活动。1998 年，云顶进一步深化在造纸业的投资，把业务扩展到下游的波纹纸箱制造及包装方面，成为马来西亚最大的造纸厂之一，在距离吉隆坡国际机场仅 5 分钟车程的雪兰莪瓜拉冷岳，云顶杉

云顶杉源集团旗下的造纸工厂

源工业纸料综合厂设有两间大型的纸料制造厂及一间波纹纸箱厂；在槟城的 Prai 也设有一间新的波纹纸箱厂。纸厂以全球最新、最先进的再生科技，每年生产 25 万吨具有国际水准的工业褐纸。

2007 年 7 月，云顶杉源集团以 7.45 亿令吉的代价，脱售旗下全部纸张与包装业务，收购方为 Paperbox 控股公司，该公司隶属香港私募巨头 CVC，为进一步发展纸业，CVC 还收购了几家木材及纸业上下游公司。这是 CVC 在马来西亚的第一笔投资。此次脱售表明造纸业务受到国际认可，云顶杉源集团脱售纸业后，进一步将资源集中到电力、石油等能源业务。

父亲在电力工业的投资，始于收购云顶杉源电力私人有限公司 39% 的股权。杉源电力是马来西亚原有的五家独立发电厂商之一，在集团的瓜拉冷岳综合厂拥有一间 720 兆瓦的天然气发电厂，曾是马来西亚国家能源公司评分榜上名列前茅的电力供应商之一。云顶集团已在 2003 年 3 月把它在杉源电力的股权提高到 60%。集团也通过云顶石油与天然气有限公司进行有关石油与天然气勘探的活动。

后来，杉源集团改名为云顶能源（Genting Energy），电力和天然气等业务统一归并为云顶能源，下辖两个主要公司。截至 2020 年，云顶电力控股有限公司专责集团的电力业务。云顶电力的总装机容量为 5000 兆瓦，分别来自其在中国、印尼和印度所投资的燃煤、燃气和风力发电厂。云顶石油与天然气有限公司专责集团的石油与天然气业务。

父亲领导下的云顶，在信息技术上也领先于时代。云顶最初是将资讯科技作为一个现代化管理工具引入的。父亲不懂英文，对电脑是个门外汉，但他认为，电脑是一个高效率的现代工具。早在 20 世纪 70 年代后期，父亲就为吉隆坡总部购置的一台 NCR 会计机。这一台“电脑”充其量只能算是一台高级的商业计算机，不到几年就过时了，被接踵而来的速度更快、功能更强的机器取代了。

1980 年，云顶在资讯科技方面作了第一次的重大投资，以 100 万令吉买下了一台 IBM34 系列的中档电脑系统，为云顶的酒店业务进行电脑化。在当时，花这么多钱买一台电脑可算是大手笔。可父亲认为，在一个讲求高效率信息处理与管理的瞬息万变的商业环境中，这项投资是必需的。

20 世纪 90 年代，个人电脑和国际网络在马来西亚及本区域的渗透率急剧上涨。政府设立了多媒体超级走廊并呼吁私人机构努力提升以应付资讯时代的挑战。我二哥林国泰确认云顶有必要将其资讯科技水平提升到新的层面。

1999 年 3 月，云顶成立了云顶资讯（eGenting）进行战略性投资，不单要把云顶变成休闲与娱乐业务界的资讯科技领导，还放眼未来，把资讯科技打造成集团业务多元化计划中的一环。

此后，云顶又在内部信息科技方面进行了大量的投资，其中的一项投资，就是耗资 1000 万令吉的云顶待客服务与产业管理系统，为客房数目增加到 1 万间的云顶酒店提供完善的管理。

第十五章　引领邮轮业

古云，仁者乐山，智者乐水。父亲生在蓬莱山，事业在乌鲁加里山，与“山”结缘颇深，但他跟“水”其实也大有渊源。年少时渡“海”南下，创业初期承接“水处理”工程打开局面，进入矿业成立承基“铁船”公司，再到建设哥打峇鲁“大桥”，承建金马仑“水电”工程，都跟“水”息息相关。在云顶集团进军邮轮业后，父亲再次跟水结缘了。

云顶邮轮业的实际操刀人是我二哥丹斯里林国泰。他1975年从英国伦敦大学土木工程系毕业，1976年加入云顶集团，1979年进入哈佛大学商业系研修管理发展课程，2002年6月被授予丹斯里的勋衔。我和二哥大学毕业后，都进入了云顶集团任职。不知父亲是否有意安排，我和二哥有着不同的方向，二哥国泰除了负责大马事务，更加注意走国际化路线，面向全球投资，我则几乎专注于中国市场。

二哥是家族公认最像父亲的人，他聪明睿智，待人和善，生活简朴，卓有远见，并且像父亲一样有着过人的精力和毅力。

二哥国泰经商的天赋似乎是与生俱来的。20 世纪 80 年代，他在短短 5 年间，就在巴哈马设立了一家赌场、一个游艇中心及 3 间酒店，在澳洲设立了阿德雷赌场。这些业务在开业第一年就赚得 1 亿令吉。经营 18 个月后，二哥便将这些资产纷纷脱手。因为他预见到邮轮观光业将在亚洲兴起，因此，他把全部精力移至邮轮业。

邮轮旅行始于 18 世纪末，由欧洲贵族开创，它的精髓在于游客借浩瀚的海洋去寻访历史，是种优雅、闲适、自由的旅行，后来在美国发展壮大成为一门大型产业。在早期一次造访巴哈马群岛的行程中，二哥建议参观以迈阿密为基地的当地邮轮业。那是父亲首次接触邮轮行业。当时，在整个亚洲，都没有出现一家邮轮公司。

二哥认为邮轮业前景广阔，他对父亲说，如果要想到全世界各地旅游，邮轮对于游客是最方便的一种方式，因为你不需要带着一堆行李东奔西走，邮轮就是一个移动的“家”。

1993 年 8 月，机会来了。一位瑞典的业者因为无法付款而被银行没收了他的两艘新建的邮轮。这两艘瑞典建造的 4 万吨邮轮每艘可载客 1700 人。该银行正与一家英国公司洽谈出售邮轮，索价 1.65 亿美元，但买方只肯出 1.6 亿美元，双方为 500 万美元的差距僵持不下。

父亲绝非“一世居住在山芭，不懂海洋深与浅”的隐居老伯，当二哥提议买下邮轮时，父亲全力支持，并建议他出价1.625亿美元。结果不出所料，这宗生意在不到两天的洽商后就顺利谈妥了。

在当时父亲身下的产业跟邮轮没有半点关系，完全可以说是半路出家。父亲与二哥的“冒昧行径”几乎受到了公司内部所有员工的阻止，但父亲仍坚定不移地支持二哥开展这项事业。实际上，在策划进军邮轮业之前，父亲与二哥就做足了功课。

这宗买卖成交后不久，该英国公司突然间献议以2000万美元的溢价向我们买下邮轮。这个诱惑虽然迷人，但父亲不为所动，认为开发邮轮业的举措是正确选择，决定依照原来的计划在邮轮业大展拳脚。

在20世纪90年代，欧洲、北美洲的邮轮产业已有着悠久的历史，邮轮旅游这一形式也日渐完善。当时虽然被誉为亚洲的时代，但邮轮这一行业在亚洲普及率不高，形式涣散，没有一线水准的邮轮品牌。

父亲与二哥将邮轮构思为家庭旅游、蜜月旅游、公司团建旅游等多人形式的生态圈，把邮轮变成设备齐全、让一家大小都能各得其所的海上五星级度假村。这跟云顶的“合家统请欢乐游”经营理念是一致的。

丽星邮轮有限公司于1993年9月注册成立。同年12月，丽星的第一艘邮轮“宝瓶星”号抵达新加坡。在新闻发布会上，许多记者说，在亚洲没有邮轮业，在海上乘船度假玩乐的概念对普通亚洲人来说还是格格不入的。他们质疑父亲在这时候引进巨型豪华邮轮是否是明智之举。一位外国记者甚至预言丽星邮轮将会在经营不到 8 个月后寿终正寝。他的理由很简单：丽星旗下的邮轮每艘载客量高达 1700 人，每次启航就得装满相当于 5 架 747 珍宝机的载客量，到哪里去找这么多的乘客?

面对这些尖锐的问题，父亲心平气和地说："28 年前，当我决定开发云顶高原时，很多人也一样说我是疯了，注定要失败。但我还是稳健地把云顶发展成为国际闻名的旅游胜地。至于邮轮业，迈亚米不是个成功的例子吗？西方人能做到的，我们亚洲人也同样可以做到。"这番话获得在场人士的喝彩。

二哥不负父亲的期望，推出的第一条航线就获得了市场热捧。他的经营能力得到了充分的展现，邮轮上面搭载了各式各样的娱乐及生活设施，从美食到歌舞，再到各类娱乐，可以说应有尽有。

1996 年 2 月，父亲乘坐丽星旗下的"双鱼星"号 40800 吨超级邮轮，从香港—厦门的首航中，返回当初他青年时代泛海南下启航之地厦门，百感交集。父亲感叹人事的变迁，也感激上天对他的厚赐。其实他最该感激的，应是自己数十年如一日的果敢、坚毅与自强不息。

1999 年，"处女星"号首航，为亚洲最大及最新的豪华邮轮，总重量相当 126 架 747 珍宝客机，甲板面积超过 12 个足球场。

2000 年 11 月，丽星邮轮在香港股票交易所上市。在巅峰时候，它的总市值高达 29 亿美元，比云顶有限公司还来得高!

丽星富创意和卓越的品牌与服务以及高超的国际水准，使它在世界各地荣获许多奖项，包括破纪录地在 2002 年连续 6 次赢得 Travel Trade Gazette Asia 颁发的亚太最佳邮轮业者；在德国汉堡获颁声誉卓著的“Lloyd' s List-SMM2002”奖；及在印度的外展旅游市场获颁最佳创意品牌奖。

由于游客对旅游安全日益注重，丽星率先采取措施，为乘客的安全提供额外的保障。除了装置机场式安全检查系统外，公司也雇用了前尼泊尔辜尔卡军事人员在邮轮上负责保安。

2002 年 11 月 13 日，丽星邮轮“狮子星”号及“白羊星”号同时抵达上海，这两艘世界级邮轮并排停泊在高阳码头向各界人士和媒体公开展示。“狮子星”号是驶过杨浦桥下最大的邮轮。

2003 年 2 月，“挪威早晨”号成为第一艘以纽约为基地的邮轮，停泊处可清楚地看到自由女神像及曼哈顿的摩天楼。

到 2020 年，丽星邮轮已发展成为拥有 20 艘邮轮、共 26000 个舱位，亚太地区第一、全球第三大的邮轮公司，同时还坐拥亚洲第一大豪华船队。

如今，丽星邮轮只是云顶香港旗下三大邮轮品牌之一，云顶香港还拥有首个亚洲本土豪华邮轮品牌星梦邮轮及全球荣获最多奖项的豪华邮轮品牌水晶邮轮，航线遍及全球。为配合旗下船队的扩展计划，云顶香港还成功收购了 4 家德国船厂，成立 LloydWerft 造船集团，成为世界唯一拥有造船能力的邮轮公司，致力打造高质量的邮轮，紧紧把握“21 世纪海上丝绸之路”的机遇。而我二哥林国泰，也成为亚洲首屈一指的邮轮大王。

第十六章　永远的航程

父亲乐天知命，对生死之事一向看得很淡，所谓流光一瞬，华表千年，人之一生，来去匆匆，惟命而已。

2007 年，父亲按中国虚岁的算法是 90 岁高龄，他的生日是农历二月二十八，属马。4 月 14 日是农历二月二十七，也是周末，父亲的 90 岁寿宴就选在了这天。

当天宾客云集。父亲平时饭餐简便，寿宴招待宾客的是各种山珍海味，他自己吃的只是河粉汤等家常小菜。当天父亲的精神状态也似乎好了很多。自从 2003 年年底父亲正式交棒二哥以后，父亲完全不过问云顶集团的事务，也很少公开露面，日常在家看点报纸和电视，偶尔找老友聚聚聊天，完全淡出了人们的视线。

2005 年后，父亲的腿脚不再灵便，就更加深居简出。但在寿宴那天，他感觉腿脚好了不少，就兴奋地对亲人们说，等再过段时间天气好点时，想再回去一趟安溪老家给父母扫墓。

父亲 90 岁寿宴上的父母合影

但终未能成行。

2007 年 10 月 23 日上午 11 时 20 分，一直昏睡的父亲，因为一种致命性的肺炎（lobar pneumonia），在梦中安然离世。

父亲的离世，让我们失去了最好的人生导师，我们全家人都悲痛万分。嗣后，马来西亚各界纷纷表示哀悼，各界媒体也进行了大量公开报道。

马来西亚时任首相巴达维说，父亲的去世对国家和社会都是巨大的损失。他说："林老把大马视作自己的家，最终成为一名伟大的马来西亚人。他的成功对年轻的大马人将是一种伟大的激励。"

首相巴达维还说："林梧桐是一位坚韧不拔的企业家，在各个领域为马来西亚经济作出贡献，他还是一位享有盛誉的公认的慈善家。林梧桐的去世对马来西亚国家和马来西亚人都是巨大损失。”

马来西亚执政联盟国民阵线的华人执政伙伴、马华公会总会长黄家定说：“将荒山野岭开发成为旅游胜地，同时创造了许多就业机会，人们将永远缅怀他的功绩。他走过的路和作出的贡献值得马来西亚人，尤其是华裔民众引以为荣。”

雪隆安溪会馆会长林生枝说：“林梧桐非常照顾安溪乡亲，中国福建省安溪乡亲到访，他都会亲自热心招待。他重视乡情，也曾多次返乡捐资建设学校、修路筑桥，安溪乡亲至今仍对他念念不忘。”

云顶飘雨，梧桐归陵。2008 年，坐落于梧桐陵园的丹斯里林梧桐博士纪念堂正式对公众开放。纪念堂正门树立父亲雕像，他仿佛还坐在浅褐色木椅，脸上挂着慈善微笑。

父亲离世后，留下的云顶集团是马来西亚前十大公司之一，公司股票市值当时超过 220 亿美元。父亲走后，云顶集团的航程仍在继续。在二哥林国泰的领导下，云顶集团开始走向世界舞台，转型成为国际企业。2006 年，二哥林国泰带领云顶集团参与新加坡政府公开招标的圣淘沙综合娱乐城，最终成功拿下。圣淘沙云顶世界于 2007 年进行动土仪式，并于 2010 年正式投入营业。圣淘沙名胜世界的开幕改变了新加坡与东南亚地区的旅游格局，圣淘沙名胜世界拥有东南亚首个亦是唯一的环球影城主题公园，及全球最大水族馆之一——圣淘沙名胜

林梧桐博士纪念堂

世界海洋馆。

随后，云顶世界也如雨后春笋般在世界各地林立：2011年，美国纽约市云顶世界开张；2013年，巴哈马比米尼云顶世界开张；2015年，英国伯明翰云顶世界开张。此外，美国拉斯维加斯云顶世界已于2017年正式动工，并于2021年6月正式运营，成为美国拉斯维加斯近十年来最大型的产业开发计划。

2013年，马来西亚云顶世界投入数十亿资金在云顶综合旅游计划上，大刀阔斧地将云顶高原提升为未来10年最先进以及世界级的旅游胜地，其中包括引进云顶天城主题乐园、云天大道（一家崭新时尚的购物商场）、一套全新的缆车系统等。

此外，二哥林国泰也通过云顶香港来扩大云顶休闲娱乐品牌的全球影响力。云顶香港以邮轮服务闻名，云顶香港还于2009年在菲律宾建设并发展了菲律宾首个综合度假胜地马尼拉云顶世界。

云顶集团以云顶高原上的一家酒店起家，成功发展为一个在全球三大洲超过10个国家且拥有6万多名员工的跨领域多元化业务集团。

美轮美奂的云顶高原

第三部分

在中国

第一章　行远同梦

父亲作为一名华人，和许多华商一样，与故乡同呼吸、共命运，即便在海外，也为华人文化和信仰的传承作出了自己的贡献。

父亲的出生地是安溪县蓬莱镇，也就是海内外闻名的“清水岩”的所在地，清水祖师曾在这里修行。清水祖师是宋朝人，生前在永春、安溪等地施医济药，普救贫病，祈福求雨，修桥铺路，因面黑如墨，又称乌面祖师。清水祖师去世后人们感念其恩德，在蓬莱山清水岩建祖师庙纪念，后来形成闽南特有的信仰，1000 多年香火旺盛。随着闽南人走向海外，清水祖师文化信仰逐渐扩散到全球华人圈，成为与海神妈祖齐名的一大神祇。

有统计称，目前世界上有清水祖师文化信仰者上亿人，仅中国台湾地区就有 1000 多万人，世界分炉分庙数千座，分布在世界上 20 多个国家和地区，其中在中国台湾地区就有近

300多座。在东南亚，清水祖师信仰首推马来西亚，而人们提到马来西亚，就会想到云顶高原的清水祖师庙。

清水祖师庙建在云顶高原的半山地带，这是父亲捐建的，庙宇对游客完全免费开放。清水岩庙依山势而铸，龙盘虎踞，气派雄伟，山含瑞气，水泛金波。建筑物巍峨峻拔，美轮美奂，就像一片隐藏在热带雨林中的世外桃源。乘坐缆车中途可以下车，交通也十分便利。这里最著名的便是九层高的万佛塔，在塔内设有1万盏万佛平安灯，都是各方善信诚心供奉，祈求平安延寿。寺庙内除了有高立于庙宇后方的如来佛祖和观世音神像，还有十八罗汉和其他大菩萨、福禄寿三星高照、麻姑献寿、八仙过海、唐僧师徒西天取经、二十四孝等雕像，充分展示了悠久灿烂的中华文明。

父亲建清水祖师庙，一方面是依照发展蓝图为云顶高原增添一个旅游景点，另一方面也是为了了结心愿，实现父亲早年在开发云顶时所许下的一个诺言。

1966年，当云顶山路建到清水祖师庙地方时的某一个晚上，父亲和几位下属在一个山洞里过夜。这里清幽宜人，植被茂密，云雾缭绕，与安溪老家的清水岩环境非常相似。由于日间工作劳累，那晚很快就睡着了。酣睡中父亲梦见了清水祖师。他很慈祥地对父亲说，这座大山你尽管放心去发展，以后会前途无量。

醒后，父亲对开发云顶更加信心十足，当下暗许诺言，如果发展云顶的计划能够成功，一定要在那个地点建庙供奉清水祖师神像，让善信膜拜，以表达他对祖师显灵指引的谢意。

诚如清水祖师的预言，云顶发展顺利，很快地就成为一个热门的旅游胜地。为了践诺，父亲拨出一块28英亩的土地，并捐出一笔钱，兴建清水祖师庙。

1975年，父亲发起成立建庙理事会以推动建庙计划。父亲还邀约了一众亲朋好友共同发起，发起人包括丹斯里陈升祺、拿督刘杰、林景坤等20多人，共同策划推动建庙事宜。

由于父亲在安溪家乡时经常出入清水祖师庙，对庙的一切比较熟悉，所以清水祖师庙就由他费尽心思亲自设计，施工时也由他亲自监督，最后还专程从安溪请回一尊清水祖师的神像，安装在庙的大殿。

第一阶段建庙工程始于1976年，历时3年完成，耗资160万令吉。1979年9月20日，大慈善家丹斯里李延年受邀莅临主持清水祖师进殿仪式剪彩。庙的第二阶段扩建工程包括增建一座九层高的万佛塔、一座60英尺高的佛像及壁雕等，于1988年年中动工，并于1993年竣工。历时18载，耗资超过1000万令吉的清水祖师庙建设终于大功告成。

1994年3月29日，云顶请马来西亚交通部长拿督斯里林良实医生莅临为清水祖师庙主持开幕仪式，出席观礼的还有众多社会贤达、工商俊彦，盛况空前。完成后的清水祖师庙依山而建，气势雄伟，是云顶高原的一个热门旅游景点。

2005年，二哥林国泰为了完成父亲的心愿，再耗资3600多万令吉，为清水祖师庙扩建了一栋110间客房的禅修中心和

位于云顶高原半山腰的清水祖师庙，是父亲仿照家乡安溪清水岩捐建的，寄托了他对于家乡的思念

"天坛"大广场，并修建了父亲的雕像、户外景点等用以提升祖师庙格局的设施。2007 年竣工后，第一个大型活动便是父亲的 90 岁寿宴，在"天坛"大广场上举行。父亲在寿宴当日再次捐赠 1000 万令吉充作清水岩的建庙基金。

父亲一向热心华人公益事业。马来西亚独立后，父亲曾担任雪兰莪五金商公会会长，公会成员实际上全部是华商，公会在从事公益慈善事业、集中华商力量办大事、向马来西亚政府反映华商诉求等诸多方面都做了很多实事。父亲还曾担任雪兰莪福建会馆名誉会长、马来西亚福建社团联合会名誉顾问等职，这些都是华人社团，致力于维护华人权益、传播华人文化。

在马来西亚的安溪人众多，在"二战"前设立了联谊性质的社团"雪隆安溪会馆"，战后，由于父亲等人的加入并捐款捐物、筹建会所、组织活动，安溪会馆逐渐壮大，成为一个知名的民间社团。1976 年，父亲接替丹斯里陈升祺，被选为主席（会长），后来担任此职一直到 20 世纪 90 年代。雪隆安溪会馆在团结同乡、照顾乡人福利方面等方面都有很大影响。

从 1976 年父亲担任主席开始，雪隆安溪会馆设立了专门的教育基金，旨在协助发展华文教育。同时，教育基金也拨出一部分用于奖学金，鼓励同乡子女勤勉向学。

父亲资助过很多华人学校，位于柔佛新山的宽柔中学就是其中一座。2000 年时，父亲捐资 200 万元用于该校创建古来分校。分校建成后，该校特地将学校大礼堂命名为丹斯里林梧桐大礼堂。

拉曼大学是马来西亚最大的华人政党马华公会在 2001 年时创办的一所大学，前身是 1969 年创立的拉曼学院，以国父东古·拉赫曼（马来西亚译作东姑·阿都拉曼）命名。拉曼大学名誉校长、前马华公会总会长敦林良实在 2019 年讲述了一段关于父亲的故事。敦林良实透露，建立拉大的念头，虽然早就在他心中打转，却一直找不到机会向当时任首相的马哈蒂尔提出，直到 2001 年两人共乘飞机时，才促成美事。

“那时我和马哈蒂尔一同搭机巡视工程，他正吃着最喜爱的椰浆饭，我见他吃得开心，就趁机提出这不简单的要求。他没说什么，不过却拿起小簿子，默默记下摘要。”

“虽然获得批准建校，但筹建费用还没着落，我随即和当时担任政治助理的黄家定，一起飞到香港，专程找大马籍富豪郭鹤年求助。”在两人道明来意后，郭鹤年二话不说就捐出

2000 万令吉，作为建校基金。“我当时告诉家定，好的开始是成功的一半！”

马不停蹄筹款的敦林良实，又趁着农历新年期间，携妻到云顶高原，向我父亲拜年。他回忆说，我父亲将他带到一个房间，以福建话询问他，是否要建设大学。

“我则告诉他，自己是来吃东西而已。但林梧桐赞赏建校计划，表明将捐出 1000 万令吉。我当时好开心，来吃点东西，就拿到 1000 万令吉呀！”

令他更加意想不到的，是隔天于双威乐园另一场新春活动，当他再碰见我父亲时，父亲一开口就说：“我昨天说给你 1000 万令吉，我看太少，还是给你 2000 万令吉好吗？”就这样，拉曼大学一周就筹到了 4000 万令吉。

目前，拉曼大学是马来西亚最著名的高校之一，不仅提供优质的教育且学费实惠。

父亲在 1987 年成立了“林氏基金”，专门用于公益慈善事业，对教育、医药、残疾人组织及老人院等社会福利事业鼎力捐助，因此父亲也被媒体评为马来西亚最有爱心的富豪之一。

到了 20 世纪 90 年代，父亲又成为中国招商引资的一个牵线人。泉州、福建乃至全国的官员到马来西亚招商引资时，父亲都会积极帮忙奔走，也促成了很多投资项目，直到如今，还有很多人感念父亲曾经给予他们的帮助。

父亲对我们下一代的影响至深。父亲去世后，云顶一直恪守回馈社会的宗旨。云顶深信教育为自强之本，因此将教育列

2016 年 7 月 13 日，我（前排右六）和二哥林国泰（前排左六）参加厦门大学管理学院酒店教学科研实验基地－林梧桐楼竣工典礼，了却了父亲生前的遗愿

为集团履行社会责任最重要的一环。其中一个重要项目，就是由云顶集团和其他私人企业联合发起的高达 2.5 亿令吉的公益基金。我二哥林国泰是该基金的创始人和永久受托人之一。公益金从公共利益出发，聚焦教育事业。自 2011 年起，每年拨出 1000 万令吉用于教育事业，后来提高到每年 2500 万令吉。

第二章　赤子丹心

父亲自1940年远赴重洋后，直到1979年，阔别家乡40年之久，才得以第一次返乡探亲。斗转星移，物是人非，眼前所见，尽是陌生的面孔，正应了一首古诗："少小离家老大回，乡音无改鬓毛衰。儿童相见不相识，笑问客从何处来。"父亲1979年后一共12次返乡探亲，若按他自己的心愿，几乎每年都想返乡一次。

中华人民共和国和马来西亚是在1974年才正式建交。但是直到1979年，才实现高层互访，由此，中马经贸合作进入了一个新的阶段。1979年9月24日，马来西亚组织了一个经贸代表团，在贸易工业部副部长刘集汉的带领下，访问北京。这也是中国改革开放后马来西亚商界第一次访问中国。

父亲作为马来西亚颇有影响的企业界领袖，也参加了这个代表团。代表团成员一共40人，其中三分之二来自工商界，都是大马名人，比如中华总商会总会长黄文彬等。40人里我们一家有 3 人，父亲、母亲和我。

这是我自出生后，第一次来到中国。当时，我在云顶集团主管亚地种植，而亚地种植从 20 世纪 70 年代中期，就跟中国有经贸往来了，当时主要是通过中国香港卖香蕉、棕榈油等农产品到内地。

虽然在马来西亚，每天都跟福建人、广东人等各地的华人打交道，听了无数关于中国的故事，而且各种传统习俗也都跟中国一般无二，但亲身到了中国，感受极为不同。最大感受就是中国之大。当时，我们代表团一行是先从吉隆坡到香港，然后再到北京。北京停留大约一周后，转程到上海，然后从上海返回福州，再到厦门，全程半个月。代表团成员的祖籍基本是福建，到了厦门后，大家分开行动。这些地方，只是中国的一个个城市，但是距离之遥远超出想象。我的直观感受是，遍游东南亚所有的国家，路途也没这么远。

40 年，虽只是短暂一瞬，但人事沧桑，变化无常。40 年来，父亲思念不已的慈母早已离世，他以前所熟悉的面孔已经稀少，代之而来的是一群陌生的后辈。故乡虽然今非昔比，但以往古朴的民风、民俗依存。亲朋好友携带着鸡蛋、线面前来，“脱草鞋”（接风洗尘礼俗）的习俗依旧。尚好，有我堂兄林海水在家代他接待与酬谢，省去了许多无端的辛劳，感情上无限宽慰。林海水是我大伯父林景亚的儿子，大伯去世得早，他一路艰辛成长，后来在一个大型国有煤矿上担任总工程师。

父亲一到家，就迫不及待地让海水带路，爬上黄墓山，直抵父母双亲墓前，点上香烛，跪拜、磕头请安。我和母亲，也一起跪拜。父亲热泪盈眶，长跪不起，倾诉着他对母亲的思念之情，在场的人无不动容。我知道，他的思乡之苦，历经40年，这才略略得解。

父亲第二次返乡，是在1984年6月，父亲带我大哥林致强返乡探亲谒祖。此后，他多次返乡探亲，每次回来，必不可少的一道程序就是上黄墓山去祭拜父母。他不但自己这样做，同时也带领我母亲和我这一辈以及孙辈上山祭拜，祈望把中华民族至诚至孝的美德延伸传承下去。有一次，他返乡时，因行程安排过紧，来不及上山为父母亲扫墓，返程之后，心神不宁，坐卧难安，于是他又特意回乡，为父母亲扫墓，方才释然。

父母回乡在祖父母坟前祭拜以尽孝道

父亲的孝心风雨无阻。有一次，父亲返乡，但恰逢天降大雨。他们一行人先到代贤中学办公室避雨喝茶，准备等雨停了就上山扫墓。但等了许久，滂沱大雨还是无休无止地下着，父亲心里很着急。他决定冒雨上山，为父母亲扫墓。我堂兄林海水要来了许多把雨伞，父亲撑着雨伞，率先冒雨走出学校，一行人也跟着在雨中踏着泥泞山路向黄墓山墓地进发。当大家一步步地往黄墓山墓地攀登时，雨逐渐小了。他们抵达墓地时，风雨霎时停了。父亲十分从容地点了香烛，在父母亲墓前跪拜磕头请安。当一切扫墓礼仪完毕时，父亲在父母亲墓前墓后细细地观察了一阵，在众人的拥簇下，缓缓下山，这时，突然天开云散，绚丽的阳光普照在人们身上。众乡亲赞颂地说："真神！林梧桐的孝心感天动地。"父亲听了笑着说："我永远是父母亲的儿子，到了 90 岁，我还要回来为父母亲扫墓。"

后来，在林海水的帮助下，在墓地修建了一条上山的水泥路，墓庭右侧还立了一个孝碑，碑文由父亲亲自审定。其碑文如下："次男梧桐，少承庭训，胸怀壮志，泪别椿萱，远渡重洋。胼手胝足，辛勤发奋，事业有成。思念双亲，鞠育劬劳，殷切反哺。恨树欲静而风不止，子欲养而亲不在，遗憾终生。图报无门，立碑坟前，藉表孝思，奉祀。公元一九九六年岁次丙子年春立。"

墓前左下方垒砌起来的坎上，立了蓬莱镇政府通告的石碑，其碑文如下："马来西亚侨亲丹斯里林梧桐先生系世界著名华人。关心家乡建设，热心公益事业，深受家乡人民仰慕。

事业有成，不忘父母养育之恩，于一九四五年葬其父母联中村大墈内黄墓山正岑仑，一九九六年立孝碑以表孝道，并置地四亩有余，建成墓园。为尊重侨亲意愿，维护侨亲利益，加强统战工作，望众人共同维护该墓园，不得私自侵界。蓬莱镇人民政府 公元二〇〇二年七月立。”

父亲前后 12 次返乡，一直到 2002 年是最后一次。2003 年时，父亲已经 85 岁高龄，腿脚不灵便，实在走不动路了，还念叨着要再回乡一次。

父母携儿孙辈回乡寻根谒祖

第三章　捐资兴学

在福建省安溪县，如今有所以父亲名字命名的学校——梧桐中学。学校位于父亲的家乡安溪县蓬莱镇联中村，与名胜古迹清水祖师庙相望。父亲对这所学校的倾力支持长达半个世纪之久，也使学校从小学逐步升格到初中、高中。

梧桐中学的前身，是蓬莱镇代贤小学，创办于 1957 年。当时马来亚与中国没有外交关系，华侨无法汇款。父亲听说村里想要建学，非常高兴，就捐了 3 万美元，交给住在新加坡的侨亲，由他们带回家乡，作为兴建代贤小学的启动资金。

1976 年，安溪县教委在代贤小学原址批准成立代贤中学（初中部），这样教室就变得紧张了。1979 年 10 月，父亲、母亲和我第一次回乡时，听说校舍紧张，父亲就捐资人民币 4 万元，建设初中部教学楼和宿舍楼。当时工人的月工资只有十几元，4 万元实际是笔数额较大的资金。1984 年，父亲第二次回乡时，知道初中部从小学部分离开来，准备重新选址建设，于是继续慷慨解囊，分几次捐款建设初中部教学楼、宿舍楼、食堂等。

1990 年 9 月，父亲第四次返乡时，他视察了这座已经运行了 30 多年的小学，看到外墙石灰有的已经剥落，门窗朽破，房间灰暗，一派老态龙钟。他想，学校一直这么修修补补也不是办法。这时我堂哥林海水献议说，不如对代贤小学和代贤中学重新规划设计，使之各自独立、各具特色，总计约 1500 万元，就可以使学校的面貌得到根本改观。父亲觉得有道理，当即拿出 10 万美元，作为重建的启动资金。随后从 1995 年到 1999 年的四年间，代贤中学、小学分期分批地进行改扩建，父亲前后捐资 1200 多万元。

1998 年正月，父亲再次返乡，感受中国春节和清水祖师巡境的氛围。这时中学、小学都初具规模，学校为感谢父亲的付出，特地将小学教学楼以奶奶的名字命名为“林吴万教学楼”，中学教学楼以爷爷的名字命名为“石泉教学楼”。父亲与陪同他一起观赏清水文化的县镇领导，以清水文化为题，泛论天下古今，唯有出奇创新方能盛况迭起。话锋潜入教育领域，县领导向父亲为普及故乡九年义务教育作出的奉献表示衷心的感谢，父亲则怀着十分愉快的心情向县镇领导坦诚地表示，想在晚年为故乡教育事业多做一点实实在在的工作。

县领导向父亲介绍了当前安溪县教育事业发展的重点与难点。安溪人口越来越多，但高中教育不足，升学竞争十分激烈。县财政要办的事很多，一时无法满足学子们的需求。父亲听后，当时就决定，创建一所高级中学。

这所高级中学的选址经过一番争论，最终还是定在了联中村一块背依苏塘山、面对清水岩的位置。高中自 2000 年开始兴建。父亲捐资 3000 多万元建代贤中学高中部。截至 2007 年父亲去世，父亲对梧桐中学前后捐资多达 6000 多万元。

建成后的代贤高中是一所现代化的校园，设施先进，建筑高大。校园绿化上，也特地选择了梧桐树和凤凰树。如今校园里的梧桐树雄伟挺拔，枝繁叶茂。更加蔚为壮观的是凤凰树，枝干曲折优美，冠盖舒展。冬春落叶，又有俗名“春不知”。夏始长叶开花，每逢 6 月、9 月，凤凰树花开，一片火红，具有很强的观赏性。正好应了一句，“植上梧桐树，招徕金凤凰。”

2003 年 8 月，代贤中学高中部落成后，为了表彰父亲捐资兴学的义举，县人民政府研究决定，把原代贤中学更名为梧桐中学，这既是肯定父亲热爱桑梓、捐资兴学的精神，也是期待侨亲子孙后代继续发扬父亲爱乡重教的精神，把梧桐中学办得更好。同时，也寄望众多在海内外创业的安溪人，能够一起为家乡经济腾飞、社会繁荣、教育发展作出自己的贡献。

梧桐中学建成后，在校长林绍清的支持下，学校还建设了一座“林梧桐先生展览馆”。全馆分成三部分，第一部分是“艰苦创业，云顶迎宾”。这部分重点突出父亲传奇式的人生。学校领导认为，父亲的不畏艰险、拼搏前行的梧桐精神于现在和未来，对广大师生都有非常深刻的启迪，是激发全校师生团

位于福建省泉州市安溪县的梧桐中学全景

结拼搏的精神动力。第二部分，集中展现父亲晚年多次往返故乡，为故乡公益、教育事业作贡献。除了捐资兴学，父亲也十分关心公益事业。他捐资2500万元，在安溪建设“梧桐体育馆”；为了改善蓬莱镇与外界的交通状况，他捐资超百万元，把蓬莱至彭亭数千米长的沙石公路改造成为上等级的水泥路；他得知安溪县建设安溪至厦门的快捷通道，需穿凿龙门洞资金不足时，以侄儿林海水的名义捐献100万元。同时，他还为蓬莱镇医院、侨联、清水岩、慈善基金会等作出应有的奉献。据安溪县统计，父亲在晚年为家乡教育事业及公益事业先后共捐赠了1亿多元，为家乡作出了很大的贡献。第三部分“孝情永驻”，主要展示父亲弘扬中华民族至诚至孝的精神。

梧招凤影多才俊，桐递凰声自乐章。目前，梧桐中学已经成为福建省一所知名的高级中学，培养了近20届毕业生，父亲在九泉之下有知，也会感到欣慰了。

第四章　在中国投资

1974 年中国和马来西亚正式建交后，父亲一直希望能回中国投资一些项目。除了情之所系，他也十分看好中国市场，但是各种原因，一直到 1986 年前后，这个愿望才变成现实。

20 世纪 70 年代到 80 年代早期，马来西亚推行新经济政策，对企业对外投资有诸多限制，80 年代中期才放开。根据统计数据，1986 年，马来西亚到中国所有的投资项目总额只有 41 万美元。这其中就包括了云顶集团所属的亚地种植在东莞投资的一个棕榈油加工厂，投资额约 10 万美元，这笔投资现在看来不值一提，但在当时也是一笔巨资。事实上，亚地种植在 70 年代末就开始跟中国做生意了，那时主要是销售一些热带水果如香蕉到中国。

整个 80 年代，马来西亚到中国投资的项目寥寥无几，父亲充当了“投石问路”的角色。很多华商朋友希望回中国投资时，都会来父亲这里咨询。父亲告诉他们，在中国投资设厂，人力、土地等成本低很多，而且中国市场前景非常广阔，营商环境逐步改善，去得越早，收获越多。

到 90 年代，随着中国改革开放进一步扩大，加上很多华商的投资也赚到了钱，马来西亚政府转变态度，大力支持和鼓励企业对华投资，父亲在中国的投资项目也多了起来。

1993 年 11 月，丽星邮轮公司在香港成立，这是云顶集团正式进入国际市场的第一步。后来，丽星邮轮更名为云顶香港，成为云顶进入中国内地最重要的跳板。

云顶香港以邮轮为主业，获得了快速的发展，在中国香港上市后，市值甚至超过了云顶，还在全球 20 多个国家和地区设立办事处。目前，云顶香港拥有三个邮轮品牌：丽星邮轮、星梦邮轮、水晶邮轮，均在亚洲位于一流水准。云顶香港 2016 年将旗下位于德国维斯玛、罗斯托克和施特拉尔松德三间船厂合并，成立德国 MV 造船集团，是全球唯一拥有造船厂的邮轮公司。菲律宾首个荟萃世界级休闲及娱乐活动的一站式综合度假项目——马尼拉云顶世界，也是由云顶香港打造。

2002 年 8 月，丽星旗下的“白羊星”号邮轮首航上海；2003 年 9 月，丽星旗下的“双子星”号邮轮首航上海。两艘邮轮都是载着中国台湾游客，经日本长崎后前来上海。丽星的邮轮在当地引起了轰动，很多媒体都进行了报道。作为中国邮轮的先驱，它让人们实实在在地感受到邮轮的魅力。

云顶香港近年跟内地很多城市都有合作，如北京、上海、广州、深圳等。2016 年，深圳蛇口太子湾邮轮母港正式

云顶香港旗下“双子星”号邮轮

开港，云顶香港旗下的“处女星”号邮轮从这里出发，进行首航。2018 年，云顶邮轮集团隆重宣布旗下星梦邮轮首艘 20 万吨“环球级”邮轮将以上海作为其首个母港。

在云顶香港运营的邮轮上，有着鲜明的中国特色，比如提供了大量的中国菜，邮轮上有广东餐厅、四川餐厅、火锅餐厅，而这在其他邮轮上非常罕见，基本是西餐。

卓越集团是我在马来西亚设立的公司，主要从事地产、金融、旅游开发等活动，与云顶集团有密切关联。为进军中国内地和国际市场，卓越金融以大中华地区为业务重点所在，除了核心业务房地产投资及金融服务外，卓越金融亦寻求将业务多元化扩展至能源及资源投资。

2009—2010 年，卓越金融从中国邮政集团公司先后两次收购了 16 家酒店，并为此设立了“你的客栈酒店有限公司”。

第三部分　在中国

在 2007 年之前，父亲、二哥和我在中国的投资都比较零散，当密苑云顶横空出世后，我们在中国的投资迎来了一个全新的时期。

第五章　雪国崇礼

穿着雪鞋，踏上雪板，提起雪杖，从山巅俯冲而下，迎着阳光与风，掠过几百米落差的雪道，伴随肾上腺素极速飙升，一路到底。这种惊险和刺激，让20世纪80年代末学滑雪的我感到十分兴奋。在这北风呼啸、万物凋零的季节，还有什么比滑雪更好玩的事呢！

我在奥地利滑雪

我和二哥林国泰都是滑雪发烧友，可惜马来西亚四季无雪，我们只能全世界寻觅雪场。从瑞士的圣莫里兹，到加拿大惠斯勒，再到法国霞慕尼，很

我与女儿林纾漩（左一）在奥地利滑雪

多世界知名的滑雪场，都留下我们的身影。

当90年代我将卓越集团的业务重心转移到中国后，在中国尤其是北京的时间也多了起来。在一个冬天，我萌生了一个想法，在中国是不是也可以建设一个如同瑞士、加拿大那样的滑雪胜地呢。滑雪在欧美是一项不亚于足球、篮球的成熟运动，在我们近邻日本、韩国也是大众活动，只是中国显然是一片值得大力开发的处女地。

1996年冬天，我和卓越集团北京办事处的任克宇、陈福龄等讨论投资一座滑雪场，然后在两人的陪同下，先后到黑龙江、辽宁等地考察雪场。说是考察，实际上就是开着一辆车，四处寻找荒山野岭转悠。这时，我们偶然得知，在北京之西北，河北省张家口市崇礼县即将开业一家滑雪场，即塞北滑雪场。如果这里能开办滑雪场，那就再好不过了，北京具有最大的消费潜力。

1997 年 1 月，也就是塞北滑雪场开业后不久，我们三人沿着崎岖的山路，来到了这个隐藏在深山丛林的雪场。滑雪场票价很便宜，10 元一人，如果想住宿，三天两晚只需要 50 元。雪场条件也十分简陋。但在这里，我们感受到了人们滑雪的热情，各地辗转而来的男女老幼纷纷开板，荒凉的山谷里，喧嚣如同城镇。很多人是乘坐大巴到来。据后来统计，塞北滑雪场第一个雪季就盈利 30 多万元。这在当时可是一笔不小的收入。

此行最大的收获，是发现崇礼的雪非常好，雪大而厚，持续时间又久。而崇礼距离北京只有 220 千米，两三个小时的车程，是距离北京最近的雪质优良的地区。其他地区，都在 500 千米之外。但崇礼此时还是国家级贫困县，全县没有一条像样的公路，全县人口只有 10 万人。

离开崇礼后，我每年都会关注崇礼的天气情况，越来越觉得这里非常适合做一个滑雪度假胜地。崇礼的雪季很长，每年从 10 月到次年 4 月都是雪季，积雪厚度达 1 米，平均降雪量 63.5 厘米，雪期达到 80 多天，存雪期也长达 5 个月。

后来据专业人士分析，雪是水或冰在空中凝结再落下的自然现象，崇礼独有的小气候营造了一个独特的“雪域之乡”。崇礼位于北纬 40 度，地处北京北边的两座大山太行山和燕山交会处，且西北低、东南高。冷空气自西北而来，被崇礼的地形一路抬升，到一定高度就形成雨雪，年降水量接近 500 毫米，而崇礼的周边区域都属于旱区。崇礼经济较落后，人口也少，森林被保护得很好，茂密的丛林减缓了风速，也就使空气的湿度增加，很容易形成雪花纷飞的景象。可见，各种综合因素，形成了崇礼在中国的“滑雪圣地”地位。

2003 年冬，崇礼的万龙滑雪场经过一个月的试运营，正式对外营业。万龙滑雪场相对塞北滑雪场，各种滑雪设施齐全，是第一个真正意义上的滑雪场。我慕名前往，在一次滑雪时，偶遇也在滑雪的雪场投资者罗力。相对于绝大多数的初学者，罗力老板一出场，我就看出他在雪上绝非泛泛之辈，而他也看出我是个资深雪友，在雪场可谓一见如故。罗力老板对滑雪的热爱，并在十分艰苦的条件下为崇礼的滑雪事业开创了一片蓝天，都让我十分敬佩。

我最关注的还是交通。按照 20 世纪 90 年代的交通条件，北京的游客从张家口到崇礼再走山路到滑雪场，路上就得花上一天的时间。直到 2007 年，我得知张承高速的张家口到崇礼段获得河北省发改委批准立项，项目已经进入设计施工阶段，我立刻决定正式启动这个庞大的投资计划。2007 年 12 月 12 日，我在崇礼的第一个公司，崇礼县密苑旅游度假咨询有限公司成立。后来，项目的主体公司“密苑（张家口）旅游胜地有限公司”相继成立。

我的想法，是要在中国做一个类似达沃斯那样的既能滑雪，又能休闲游玩的胜地。根据规划，将建设的“密苑四季旅游度假区”，总投资预计高达人民币180亿元，规划占地总面积多达100平方千米，其中一期项目以滑雪公园为主体。

但我将计划讲给朋友们听时，他们却很担心这个项目不会成功。一是崇礼距离北京太远，而且闻所未闻，很难吸引到大规模的客流，滑雪又是一个相对小众的运动，滑雪人群少。二是基础条件太差，道路水电网络通信什么都没有，一切要从零起步，耗资巨大。三是国内有那么多发达地区，旅游基础设施、传统顾客流量都很可观，他们也非常欢迎这种投资。

但我二哥林国泰对这个项目表示全力支持。他说，正是因为崇礼现有条件，所以才能以很低的成本进行开发。中国当前滑雪人数虽然很少，但这也是全球最大的待发掘市场，潜力巨大。他还说，父亲和他所做的，针对的是夏秋季节的休闲，解决的是“天热”的问题；如果投资一个滑雪乐园，正好是针对冬春季节的休闲活动，解决的是“天冷”的问题。一南一北，遥相呼应。

我将在中国投资滑雪场的计划也告诉了父亲。父亲并未提出具体的支持或反对的意见，而是让我自己决定。他说，他几十年来，在中国的投资活动，都是以旗下公司名义进行的，比如种植、电力等，如果能直接在中国投资旅游休闲产业，必定更有前景，这也是他的一个愿望。

第六章　太子密苑

经过考察，我们最终选定了位于崇礼县四台嘴乡太子城村附近的山谷“三道沟”，坐落于长城脚下，作为滑雪场的项目地址。而滑雪场名称，我听了太子城的来历后，就觉得应该取名叫作“密苑”，全称“密苑云顶乐园”。

2007 年时的崇礼县太子城村

在太子城，至今还留有古城的遗迹。但是到底曾经哪位“太子”在这里居住过，说法不一。在早期，曾传说是指秦始皇太子扶苏，但民国所修的县志否认了这个说法，“旧时相传城为秦筑以居太子扶苏者，又云按橹上隐现太子城匾额，均属诞妄不可信”。当地老百姓则传说，这里是武则天所生的一个面貌丑陋的儿子的秘密藏身之所。而后来考古学家在太子城城址调查时发现了一些辽金时期的文物，最终认定是金王朝夏季避暑的行宫。

崇礼的来历并不久远，是民国时期所设，取“崇尚礼仪”之意。但崇礼此地，却有着十分悠久的历史。崇礼地处燕山山脉边缘，是华北平原与内蒙古高原的交会处，古书称包括张家口在内的河北北部“关山险峻，川泽流通，据天下之脊，控华夏之防，号称天府”。对于中原政权而言，这里是抵御塞北游牧民族侵扰的前沿；对于塞北民族而言，他们要南下，能否突破燕山和太行屏障是关键，因此历来为兵家必争之地。而在社会安定时期，这里又成为南北交通的重要纽带。

崇礼县长城资源非常丰富，东面为燕、北魏、明长城，西面接赵长城，南面为北魏、明长城，北面为全国罕见的秦汉长城，总长度达 170 千米。无论从长城的长度、密度、修筑朝代的众多以及文化积淀与内容的丰厚，堪称长城文化的典型缩影。

在我的设想中，密苑云顶乐园并非通常意义上的滑雪场。密苑云顶乐园的度假理念是 Apres Ski（滑雪后的娱乐生活方式），通过优越的硬件条件和软件服务，以及多元化的娱乐体验，彻底改变人们的冬季度假方式。让滑雪度假不仅仅是发烧友寻求刺激的极限运动，也是普通游客心中一种休闲的度假生活方式。密苑作为一处远离喧嚣生活的净土，在冬季，享受阿尔卑斯高山滑雪的乐趣；春、夏、秋季可以进行山地自行车、夏令营等活动。密苑里有养生、康体、美食体验和娱乐表演等，可以使游客在密苑感受到在马来西亚云顶的生活方式。

密苑云顶建设初期

2008年，密苑云顶项目正式进入实施阶段。这对我来说，是前所未有的超级项目，同时它也是中国华北地区投资规模最大、规划区域最广、设计理念最新、服务理念最人性化的山地度假胜地之一。为筹措建设资金，我先后卖掉了在中国各地的一批地产和酒店项目，如位于上海的长寿商业广场等，还转让了几间在香港和马来西亚的上市公司的股权，如卓越金融公司等，终于筹措到几十亿元的资金。这时，我终于能体会当初父亲几乎倾尽所有建设云顶高原的心情了。

2009—2012 年，是密苑云顶乐园的建设期。2009 年 4 月，北京清华城市规划设计研究院制作完成《崇礼 · 密苑生态旅游度假产业示范区总体规划》。2010 年 7 月，梧桐山庄项目 1 期 K1、K2、K3 酒店开工典礼。2011 年 7 月，金花阁项目举行开工典礼。

2011 年 7 月 13 日，密苑金花阁奠基仪式，我（右二）与母亲（中），二哥林国泰（左二）及二姐林秀莲（中后）

2012 年 12 月 16 日，密苑云顶乐园正式开业运营，同一天，第十二届崇礼国际滑雪节也在密苑云顶乐园隆重开幕。从此，密苑云顶乐园以卓尔不群的姿态出现在了世人面前。

在滑雪中心正式开业前，我们开辟了两条雪道供游客免费试滑，并得到了非常好的反馈。从试滑看，平日游客人数保持在上百人，而周末则近千人。滑雪季卡销售情况也十分理想，项目启动才几天，销售数量已经破万。雪场拥有完善的造雪系统，同时还设有雪上单板娱乐区和儿童滑雪教学区，以满足不同级别的滑雪爱好者的个性化需求，无论大人和孩子都能在这里找到他们喜欢的项目。

12 月 16 日正式开业的，还有云顶大酒店。酒店以欧洲度假风格为主，是云顶品牌在中国运营的第一家五星级酒店。酒店拥有 265 间标准客房和套房，所有客房均为双卫生间设计，并配备厨房设施，可供 4—6 人的家庭轻松入住，还拥有 83 套同等级别的公寓。同时，云顶大酒店与滑雪场紧密相连，具备滑雪大厅的功能，真正实现了 Ski In & Ski Out（滑入 / 滑出）的国际流行风尚。

酒店中各具特色的滑雪主题餐厅和酒吧使游客在滑雪之后能享受到不同种口味的美食。云顶大酒店中这些特色设施与服务对滑雪中心的度假功能进行了很好的补充，从整体层面提升了密苑云顶乐园的国际度假体验。

密苑云顶乐园规划共开发 88 条、总长度约为 70 千米的滑雪道，配套 22 条总长度约 30 千米的缆车。在开业后的几年中，云顶乐园仍然一直在继续建设，在雪场完成一期建设后，滑雪面积达到 80 余万平方米，建有初、中、高级雪道 35 条。雪场配置了两条四人座高速缆车，一条箱椅式混合高速缆车，一条初级道魔毯。

密苑云顶乐园还设有很多休闲活动场所，如影剧院、KTV舞厅、美容美发、酒吧、茶楼等休闲娱乐场所，还有健身房、泳池、桑拿室、射箭馆、台球、网球、购物超市等休闲健身项目。密苑最高日接待量为6000人，规划则为3万人。

开业最初几年里，云顶滑雪公园每年接纳游客20多万人，基本符合预期。

2012年12月16日，密苑云顶乐园正式开业，我与二哥林国泰（右）

第七章　申办冬奥会

申办冬奥会，从某种程度上，比申办夏季奥运会更难。因为冬奥会对举办城市的天赋自然条件有苛刻的要求，要够冷，有足够的雪，但又不能冷到让人冻伤，仅这一点就限制了过去的冬奥会基本只在北纬四五十度的十来个国家循环。

我作为北京奥申委 300 名委员之一，也作为唯一的外籍委员，非常有幸见证和亲历了中国申办第 24 届冬奥会的全部进程。

2013 年 10 月 31 日，中共中央作出了北京携手张家口申办 2022 年第 24 届冬奥会的决定。11 月 3 日，中国奥委会正式致函国际奥委会，提出京张联合申办第 24 届冬奥会，北京承担冰上项目和开幕式、闭幕式，张家口市承担除高山滑雪、雪车、雪橇以外的全部雪上项目。崇礼的冰雪运动，从此进入奥运时代。

回顾中国的冬奥征程。第一届世界冬奥会于 1924 年举行，此后几十年里，中国未能参加。1980 年，第十三届冬奥会在美国举行，中国代表团首次参加，中国派出了 28 名男女运动员参加比赛，但无一人进入前 10 名。此后，1984 年的南斯拉夫冬奥会、1988 年的加拿大冬奥会，中国军团均未获得一枚奖牌。1992 年在法国举办的冬奥会上，中国选手夺得 3 枚银牌，实现零的突破。此后 1996 年挪威冬奥会、1998 年日本冬奥会，中国仍未能夺金。直到 2002 年在美国盐湖城举办的十九届冬奥会上，中国首次获得金牌。最近的是 2018 年二十三届冬奥会在韩国平昌举行，中国队获 1 金 6 银 2 铜。

在历届中国军团获得的奖牌中，还存在明显的“冰强雪弱”，获得的奖牌大多数都是冰上项目，雪上项目极少。

2014 年 3 月 14 日，国际奥委会官网正式公布了 2022 年冬奥会的 5 个申办城市：中国的北京－张家口（崇礼）、波兰的克拉科夫、挪威的奥斯陆、哈萨克斯坦的阿拉木图和乌克兰的利沃夫。

2014 年 7 月 7 日晚上，国际奥委会在瑞士洛桑宣布完成对 2022 年冬奥会申办城市的初选，并根据规则选出三个候选城市：中国的北京、挪威奥斯陆和哈萨克斯坦的阿拉木图。后来，挪威奥斯陆主动退出了竞争。

2014 年 11 月 1 日，北京申办 2022 年冬奥会宣传片正式推出。伴随着《长城谣》优美的旋律，在雪花图案映衬下，长城烽火台的雄姿、故宫角楼的丽影，依次闪现，2008 北京夏季奥运会开幕式上的烟火喷薄绽放，迅速幻化成纷纷“瑞雪”

2014 年 8 月 26 日，密苑云顶乐园成为 2022 年申冬奥委会赞助企业之一，总裁肖焕伟（右三）被聘为北京 2022 冬奥会申办委员会委员

飘落在“鸟巢”……宣传片向全世界展现北京对申办 2022 冬奥会的热情与渴望。而密苑云顶也非常荣幸能够成为宣传片中出现的滑雪镜头的取景地。

2015 年 1 月 6 日，在国际奥委会总部，中国奥委会主席刘鹏向国际奥委会奥运会部主任杜比递交了承诺书，北京冬奥申委主席向国际奥委会申办城市关系处主任巴雷特递交了申办报告。作为申奥程序中的重要法律文件，北京冬奥申委递交的这份申办报告共 3 卷 14 个主题，回答了国际奥委会提出的 192 个问题，涉及北京联合张家口申办 2022 年冬奥会的理念、

2015年3月，国际奥委会评估团考察密苑云顶乐园

愿景、场馆、赛事组织、安保、媒体运行等内容和冬奥会从筹办到举办的方方面面。

3月24日至28日，国际奥委会评估团来华进行为期5天的考察。此期间，评估委员会听取了北京冬奥申委关于15个主题的陈述，同时实地考察了北京、延庆、张家口（崇礼）三个赛区的场馆。

3月26日，国际奥委会评估团考察了将作为雪上项目主赛场的密苑云顶滑雪公园。在实地考察中，崇礼赛区的紧凑布局给评估团留下了深刻印象。赛区共有5个竞赛场馆和3个非竞赛场馆，除颁奖广场外，其他7个场馆都位于一个集中的区域。这 5 个竞赛场馆分别是，位于北区云顶滑雪公园的 2 个场馆，所有的单板滑雪和自由式滑雪的比赛将在这个集中区域里举办；另外的 3 个场馆位于南区，它们分别是北欧中心跳台滑雪场、北欧中心越野滑雪场和冬季两项中心。

考察后，国际奥委会委员认为，能将这 3 个场馆聚集在同一个山谷里是非常难得和理想的，也十分有利于赛事的组织和管理。3 个非竞赛场馆分别是张家口山地媒体中心和颁奖广场，以及位于南区和北区之间中心位置的奥运村。奥运村是太子城冰雪小镇的一部分，从奥运村到张家口赛区任何区域都可以在车行 5 分钟的时间内抵达。京张高铁将从赛区内穿过，并在奥运村南侧 1 千米处设太子城站。

6 月 1 日，国际奥委会公布了 2022 年冬奥会评估委员会对候选城市的评估报告。评估报告充分肯定了北京携手张家口的申办条件和办赛能力，高度评价北京申办计划中对 2008 奥运遗产的充分利用。

6 月 9 日至 10 日，国际奥委会在瑞士洛桑召开 2022 年冬奥会候选城市陈述交流会。国际奥委会提出了 14 个方面的陈述要点，北京代表团向国际奥委会委员全面描绘了北京举办 2022 年冬奥会和冬残奥会的愿景及规划，强调“以运动员为中心、可持续发展、节俭办赛”的三大理念与《奥林匹克 2020 议程》高度契合。同时，代表团还依照国际奥委会要求设立展示咨询室，展示北京、延庆及张家口三大赛区的规划，接待国际奥委会委员和全球媒体的咨询。

至此，冬奥申办的前期流程已经走完，只待两个城市的终极对决。2015 年 7 月 31 日，在马来西亚吉隆坡召开的第 128 届国际奥委会全会，在北京和阿拉木图之中投票选出 2022 年冬奥会的举办城市。

第八章　花落京张

通往成功的道路，从来都不容易。我们的唯一竞争者阿拉木图，是一个十分强劲的对手。我们奥申委很多委员在去吉隆坡之前就认为，北京相对阿拉木图的优势十分微弱，胜负在五五开，就算获胜，估计也只多几票。

阿拉木图是哈萨克斯坦的最大城市，也是中亚第一大城市，作为哈萨克斯坦乃至整个中亚的金融、科技中心，阿拉木图号称“亚欧之心”。它曾于 2005 年和 2009 年先后申办过 2014 年和 2018 年冬奥会，均以失败告终。这次同北京 - 张家口一较高下，是其第三次申办冬奥会。

时间来到 2015 年 7 月 31 日，这天将决出第 24 届冬奥举办城市。根据流程，当天上午 10 时 35 分，阿拉木图先进行陈述；12 时，北京陈述。这个顺序是抽签决定的。每个代表团的陈述时间是 50 分钟，另外有 15 分钟问答时间。陈述后，国际奥委会评估委员会公布评估报告。国际奥委会委员将于 16

时 15 分开始投票。最终结果于 18 时由国际奥委会主席巴赫公布。随后国际奥委会与主办城市签署《主办城市合同》，并与主办城市联合举行新闻发布会。

阿拉木图代表团由哈萨克斯坦总理带队，他们先进行陈述。阿拉木图主题词是“real”（真），“真的冰雪、真的环境、真的场馆、真心办奥、真的经验、真的数据、真的冰雪运动传统”，也特意强调了自己作为中亚最著名的旅游城市的服务经验优势，以及自然环境接近于奥地利、瑞士，是山地冰雪旅游胜地，这也让评委中的欧洲人感觉非常亲切。

北京陈述以四段配上中国古乐的风景片段开始，分别为《紫气东来》《万事俱备》《江山代有才人出》《不虚此行》，向国际奥委会委员展示北京的冬季美景、冬奥会场馆规划、中国的冬季运动传统和文化魅力，表达中国人民对冬季运动的热爱以及对冬奥会的期盼。

随后，中国国家主席习近平通过录像讲话表示，北京将为世界带来一场“精彩、非凡、卓越的冬奥会”，中国将遵守一切承诺，并全面实践“奥林匹克 2020 议程”。

北京陈述的主题词是“trust”（实），由北京市市领导和国家体育总局局长刘鹏分别陈述，发言强调的是，中国报告可执行性极高，不存在无法落实的风险。冬奥交给北京，安全可靠无风险。国务院副总理刘延东以英文陈述作压轴发言，她说，中国作为负责任的国家，言必信行必果，将兑现所有承诺。

当天投票的国际奥委会成员共有 85 人，44 票投给北京，

40 票投给阿拉木图，1 票弃权，北京以 4 票优势领先。当晚，当国际奥委会主席巴赫说出："Beijing（北京）！"时，吉隆坡国际奥委会会议现场内外一片沸腾，众望所归。而在遥远的北京、崇礼、云顶滑雪公园，此刻也变成了欢乐的海洋。

2022 年冬奥会，花落京张，这属于中国的梦，也属于我的梦，终于变得清晰起来。

第九章　十年磨一剑

从 2012 年密苑云顶乐园投入运营，到 2022 年冬奥会举办，正好十年。密苑为冬奥会进行了紧张和周密的筹备，可谓“十年磨一剑”。

云顶滑雪公园是本次冬奥会唯一依托现有滑雪场建设的雪上竞赛场馆。冬奥会期间，这里将举行自由式滑雪及单板滑雪两个分项 20 个小项的比赛，包含空中技巧、雪上技巧、U 型场地、坡面障碍技巧、单板平行大回转、障碍追逐等 6 条赛道，共计将产生 20 块金牌。

在 2015 年成功申办冬奥之后，密苑云顶就进一步走上国际化道路，聘请了来自欧洲、美国和新西兰的国际一流雪场的运营管理以及雪上公园和竞技场地的修建管理专家团队。此后，密苑先后与国际单板滑雪赛事品牌——沸雪（Air & Style）、瑞士梦幻滑雪度假村 LAAX 等一批国际顶级品牌建立合作关系，在酒店设施，雪场管理以及滑雪培训等多方面展开合作。

冬奥会的筹备除了来宾接待工作外，最重要的就是索道、轧雪、造雪、塑形和救援转运。崇礼一年中有一半时间是冰雪天气，这对于雪的形成是好事，但对于雪场建设就带来很多困难。云顶克服了很多困难，包括疫情期间施工，终于在 2021 年初顺利完成了测试赛。

在硬件设施方面，密苑云顶乐园的云顶大酒店也是北京 2022 年冬奥会的媒体中心，其中两个合计 1700 平方米的多功能会场，可以同时容纳 1500 人用餐。随着新建酒店的投入使用，到 2020 年底，云顶的总房间数增至 3000 间，达到了北京冬奥会和冬奥组委的标准要求。

人工造雪和塑形是雪场建设最重要的环节。冬奥不能完全

2020 年底的密苑云顶大酒店

密苑云顶滑雪公园的工作人员在压雪

“看天吃饭”，必须有预备计划，那就是人工造雪。现在很多地方举办冬季运动会都需要人工造雪，1 米厚的天然雪压实了也不过 25 厘米。跳台也必须用人工雪才能保持硬度。

产生人造雪的机器旨在模仿自然造雪的方式，根据造雪机的质量，人造雪可以和天然雪一样好。云顶在赛道中架设了“天冰”造雪机，这是世界上顶端的造雪机品牌，我们希望搭建一个最现代化、效率最高、造雪质量最好的造雪系统。

云顶滑雪公园经过 10 年的市场化经营，已经形成稳定的运行团队。为了达到 2022 年冬奥会的高标准严要求，场馆业主团队力量也最大限度地纳入了场馆运行团队中。为奥运服务的云顶工作团队是一个国际化的大家庭，由来自全球各地的专家团队、国际雪联（FIS）团队、中国滑雪协会（CSA）团队以及云顶核心工作人员组成。

云顶赛道的塑形专家团队，是由来自奥地利、新西兰、加拿大、意大利、德国、斯洛文尼亚、拉脱维亚、俄罗斯等国家的20余位塑形专家组成，他们成功完成了对云顶滑雪公园坡面障碍技巧、障碍追逐、U型场地、雪上技巧等赛道塑形工作，并通过了检测。

在确定承接2022冬奥会单板滑雪和自由式滑雪比赛项目后，云顶滑雪公园提前4年完成了冬奥会标准的U型场地建设。从2017年到2019年，云顶连续举办了国际雪联自由式滑雪空中技巧世界杯，以及单板和自由式滑雪U型场地世界杯。世界杯的比赛检验了场馆的设施设备，也检验了办赛和接待能力。

俯瞰密苑云顶滑雪公园

2021年2月16日到26日，云顶场馆运营团队举办了单板滑雪、自由式滑雪10项赛事28个项目的测试。测试活动期间，云顶场地设施条件和团队的专业素质也得到了包括国际雪联专家的认可。

这次测试活动期间，救援转运团队跟滑雪医生也进行了赛道配合。在障碍追逐赛上，有运动员受伤，并接受了救援团队的转运。这项比赛的受伤风险很高。好在我们的团队配合非常娴熟，能够熟练地使用专业救援设备，如硬质救援雪橇、铲式担架、负压担架等。他们不仅被要求滑雪技能，也需要拖带伤员，还要有固定伤员的技术，普通滑雪者或者普通医生是做不到的。救援队员都考过红十字会的救援证书，涉及救援的证都会考。历经多次桌面演练和模拟，乃至着装演练和测试活动的洗礼，云顶团队管理和运营水平越来越接近冬奥赛时的标准。

2020—2021年席卷全球的新冠肺炎疫情，给冬奥筹备造成巨大压力。在疫情严重的时候，密苑云顶暂停对外停止营业后，在做好疫情防控的前提下，仍全力保障国家集训队的封闭式训练。

2020年3月30日，密苑云顶乐园收到国家体育总局冬季运动管理中心发来的感谢信，感谢密苑云顶乐园作为北京2022冬奥会自由式滑雪和单板滑雪比赛场地，为中国冰雪运动发展作出应有贡献。感谢信说：云顶滑雪公园为国家队服务保障的工作人员克服了种种困难，放弃休假，服从命令，坚守岗位，从容面对，勤勉工作，默默付出，为疫情期间做好各项

密苑云顶滑雪公园全景

保障工作提供了最大的支持和帮助，充分展现出令出即行和细致入微的工作作风，彰显了责任担当和高度的自觉性、纪律性，向冰雪项目国家集训队传递了家一样的温暖。

第十章　勇敢者运动

滑雪是一项属于勇敢者的极限运动，在滑雪中，人们能体验到风驰电掣般的飞行感、滑下雪道后的征服感、技术进步时的成就感和突破年龄界限的自豪感。这一切构成了滑雪运动的核心魅力。而滑雪场的经营和管理，同样需要巨大的勇气和毅力，才能克服其中重重困难。

跟中国所有的滑雪场一样，密苑云顶滑雪场诞生后，在经营上面临“一忙三闲”的问题，就是冬季忙而春夏秋三季闲。“一忙三闲”衍生一系列难题，如经营不持续、人才难留住、投资回报低、受突发事件影响大。如新冠肺炎疫情发生之时，正是在雪季，对于全国的滑雪场经营是一场重击。

如何变“一忙”为四季经营，密苑进行了大量的探索，如今有了一些经验，其核心是将滑雪场变为四季度假乐园。这在国外事实上有成熟的模式可以借鉴，在瑞士、法国、日本等国家，度假滑雪已经形成完整的产业体系，周边有完备的设施和服务可以住宿、休闲、娱乐。

目前，密苑夏秋活动丰富多彩，大体可分为四类，体育旅游、文化旅游、休闲度假和康养旅游，具体活动有徒步嘉年华、观星晚宴、乘坐热气球、具有浓郁本地特色的打树花、卡丁车、真人 CS、UTV、E–BIKE 等，已经吸引了全国各地的游客前来。

密苑的夏天

前面说过，滑雪是一项属于真正勇敢者的危险运动，任何一个人，进了滑雪场就有摔跤的经历，区别只在于摔得重不重、有没有撞到人。这给雪场经营，也带来了很强的安全管理挑战。密苑云顶非常重视雪友的安全，并将安全管理视为雪场经营的生命线。

在雪场对外开放运营前，云顶滑雪公园都要对雪场内的各类设施进行安全隐患排查，对高风险隐患进行消除，设备设施进行相关的检查检验，确保符合国家及行业要求，并保证无安全隐患，雪道使用防护网、防护垫等防护用品进行整个场地区域的安全防护，同时造雪及压雪工作质量保证高标准、高要求、高水平，在完成各项准备工作后，体育监管部门将对待开放雪道进行安全检查，通过检测后才会对游客开放。

在游客滑雪前（进入雪道前）使用多种途径对其进行安全告知，雪场内 24 小时监控全覆盖，并由专人进行监控巡查，及时发现各类风险问题，并实时告知相关工作人员进行处置，在游客遇困或遇险时，有足够数量的经过专业培训的救援人员进行救援，同时雪场配备专业的医务室，保障游客发生意外情况时得到安全、专业、快速的救治。

为保证游客发生意外后得到应有的保障，我们也与专业的保险公司签订了多种险种的保险，包括：滑雪游客意外险、公

密苑太子滑雪小镇

众责任险、场地责任险等，基本涵盖了在滑雪场内可能发生的各类意外情况。

密苑云顶也十分重视品牌保护，目前形成了密苑、太子和云顶为主体的品牌体系。2019 年，我们申请“太子滑雪小镇”的商标时，被知识产权局驳回申请。原来，在广东东莞有个“太子酒店”，在先使用了“太子”这个品牌。但我们通过查证发现，太子酒店这个商标后来被撤销，于是向法院起诉商标局。法院审查后，判决我们胜诉，我们最终获得了“太子滑雪小镇”这个商标。如今，太子滑雪小镇已经成为华北地区颇为知名的一个特色旅游景点。

回顾密苑云顶在建设初期，遇到了父亲开发云顶高原同样的难题，同样是荒山野岭，同样没有道路，没有水，也没有电。幸运的是崇礼县（后改为区）政府给予了极大的支持，各种难题一个个得到了解决。

崇礼县城到密苑有约 20 千米的距离，最初不通道路，而修路资金概算需要几千万元。为此，崇礼专门向国家发改委申报，最终这条道路——“梧桐大道”的建设，成为国家发改委下达河北省四个中央投资项目之一。

后来随着高铁、高速的相继开通，密苑云顶的交通四通八达，非常方便。这种中国基建规模和速度，放在当今全球任何一个国家都是难以想象的。目前，乘坐高铁由北京北站到太子城高铁站，车程仅约 55 分钟；驾车由京礼高速至密苑云顶乐园车程约 80 分钟。密苑云顶乐园至张家口机场接驳路程约 1

京张高铁太子城站

小时，可连接深圳、上海等国内主要城市。

密苑建设之初，太子城村区域没有可供云顶大酒店使用的电网。云顶大酒店属于工业用电，直到2012年11月下旬，云顶大酒店即将开业，通告已经发出，但是电力问题尚未解决。

我们找到电力公司，电力公司的人也很无奈："一个星期之内要建好这个工业用电线路是不可能了，再怎么赶工都做不到啊！”

我们只好找到李莉县长。李县长对这个问题非常重视，连夜召集各个部门开会，研究解决供电问题，她说：“云顶大酒店是咱们县里第一家五星级标准的大酒店，云顶这个项目也是县里招商引资的重点项目。现在酒店的施工都已经完成，什么都准备就绪了，就等着 12 月 1 日开业了，咱们不能因为供电的问题推迟开业，再推迟就到明年了。大家一起想想解决办法。”

会上有人提议，先用附近的农业供电顶着，等工业供电线路建成了，再换过去。县长当即拍板就这么干，然后她亲自带人，一周就把电给拉上了。12 月 1 日，云顶大酒店如期顺利开业。

当地党委和政府给予密苑云顶极大的支持，这是滑雪场能够顺利经营的重要保障。例如，滑雪场需要租赁太子城村 12000 亩山林和荒山荒坡，根据政策，这 12000 亩土地需要太子城村的村民超过三分之二的人同意才行。作为外来投资商，如果自己去做工作，难如登天。正是在当地政府、乡里和村里干部的支持下，我们才完成了租地，用于开发雪道，建设雪场基础设施，安装缆车等。

第十一章　共同的承诺

在申办冬奥会时，中国提出“以运动员为中心、可持续发展、节俭办赛”三大理念，这是中国政府对于国际奥委会的郑重承诺。作为赛事活动具体执行者之一，云顶同样将这三大理念作为核心关切，贯穿始终。

谈到政府的承诺，要从国际奥委会主席巴赫说起。巴赫曾是一名击剑运动员，获得过1976年奥运会冠军。2000年成为国际奥委会副主席。2013年，巴赫当选第九任国际奥委会主席，2021年获得连任。

“改变或被改变”成为巴赫任期的座右铭。他提出了一揽子改革计划，2014年颁布的改革路线图《奥林匹克2020议程》，对奥运进行大量革新，让奥运会变得“可承受、可收益、可持续”。他的改革是为了针对奥运此前出现的一些弊端，比如超高规模的投资和大量设施的浪费，又如奥运日益与普通人脱节，成为少数人的狂欢。《奥林匹克2020议程》改革措施的核心内容是降低奥运会申办和运行成本、可持续发展、提高公信力和注重人文关怀等，旨在让运动回归运动本身，让运动惠及全民。

北京申奥代表团提出的三大理念“以运动员为中心、可持续发展、节俭办赛”，跟巴赫的改革路线完全一致。将云顶滑雪公园改建为冬奥场馆，跟以上理念密不可分。一方面场馆不需要新建，节约大量资金，减少对自然环境的干预；另一方面场馆在奥运后将成为普通雪友的滑雪乐园，全民受益。

在建设阶段，云顶充分研究云顶滑雪公园原有山形地貌的特点，在原有雪道的基础上改建了 U 型槽、坡面障碍技巧、平行大回转、障碍追逐等 4 条赛道，该设计方案大幅减少场馆建设的工程施工量。既节约了资金，又有效减少对树木砍伐和植被破坏约 16 万平方米，基本实现土石方挖填平衡。

云顶滑雪公园 6 条奥运赛道布局在四道沟的两侧，阴坡从东往西有四条赛道，U 型场地，坡面技巧，平行大回转，障碍追逐；阳坡上两条赛道是空中技巧和雪上技巧。可见，云顶的赛道布局非常紧凑，将来十分方便运动员转换场地，几分钟就可以从一个场地抵达下一个比赛场地。

云顶大酒店是国内顶级山地运动酒店，作为冬奥会指定官方接待酒店之一，酒店内设了大量的娱乐项目，包含健身房、游泳池、SPA、射箭馆、乒乓球、桌上足球、台球、室内高尔夫等，可以供运动员休息时选用，正是体现了“以运动员为中心”。

2016 年 11 月，国家体育总局发布了《冰雪运动发展规划（2016—2025 年）》，明确 2025 年要实现直接参加冰雪运动的人数超过 5000 万人并带动 3 亿人，产业总规模将达人民币 1 万亿元。

2020 年 11 月，为助力实现“带动三亿人上冰雪”目标，张家口举办“万名学生冰雪体验”活动。密苑云顶积极配合，为学生们提供滑雪场地、雪服雪具、专业教练教学，为参与“万名学生冰雪体验”活动的学员开启冬日滑雪第一课。长期以来，云顶通过多种形式，不遗余力地向全民推广普及冰雪运动。

密苑云顶滑雪学校带领更多的孩子爱上冰雪运动

云顶每年都参与协办的全国青少年夏季滑雪挑战赛暨京津冀青少年夏季滑雪挑战赛，是全国唯一的纵跨夏秋冬三季的青少年赛事，至 2020 年底已举办了 4 届。

密苑云顶还开办了滑雪学校。云顶滑雪学校非常重视教练培训和资质建设，大力投入教学专业技能和资质培训，帮助教练获得新西兰雪上运动指导员联盟颁发的 NZSIA 指导员认证证书，提供（滑雪）国家职业资格证书等认证。滑雪学校将培养一批滑雪爱好者，带动更多人上冰雪运动。

可持续发展、绿色办奥也是本届冬奥的核心理念。密苑云顶在发展过程中一向非常重视环境保护。张家口属于缺水地区，水资源十分珍贵，而滑雪场的造雪系统，必须使用大量的水。为此，云顶滑雪公园建造了庞大的水资源循环利用系统。

该系统的“上水”系统由几座蓄水池组成，专门收集雨水、冰雪融化水等天然水，存储量为 18 万立方米，成为造雪系统的用水。

在滑雪道的雪融化之后，就进入专门建造的排水系统，再经过过滤、净化等水处理后，流入一个储量 13 万立方米的地下水池中。这些水，又可以作为水源，用于灌溉、景观水等用途。通过水循环利用系统，每年云顶可节约 30% 的水资源。

冬奥给崇礼也带来了实实在在的变化。崇礼是座人口仅有 10 余万的塞外小城，过去是国家扶贫工作重点县，2015 年贫困发生率仍高达 17%。然而得天独厚的冰雪资源给崇礼带来了改变命运的机会——以冬奥为引领，崇礼大力发展冰雪旅游产业，如今崇礼冰雪旅游度假区跻身国家级旅游度假区序列，被称为“世界上最适宜滑雪的地方之一”。

据新华社报道，2019 年 5 月 5 日，河北省政府正式批准崇礼区退出贫困县序列，彻底脱贫摘帽。如今，崇礼怀抱 7 家大型雪场，有雪道 169 条，共 162 千米，其中 15 条雪道通过国际雪联认证，直接或间接从事冰雪产业和旅游服务业人员达 3 万多人。云顶、太舞、万龙、富龙四家雪场连续两年入围“中国滑雪场十强”。

筹办冬奥过程中，崇礼基础设施得到了全方位的提升，尤其是交通。京张高铁、京礼高速通车，让崇礼进入首都一小时交通圈，内部路网逐渐完备，同时城乡水、电、气、信等方面都得到了根本改变。

近几年崇礼的配套服务水平也不断提档升级，特别是酒店服务业。到 2021 年底，崇礼境内星级酒店将超过 70 家，五星级酒店达到 15 家，四星级酒店达到 16 家。从国家级贫困县到

京礼高速太子城出口

2022 年冬奥会雪上项目主要举办地，塞外小城崇礼可谓一年光景一年新。

京礼高速夜景

第十二章　大赛的先声

在冬奥会之前，密苑云顶已经举办了数十场具有国际水准的雪上赛事，这些活动考验了我们的办赛能力，检验了场馆的设施设备，也一步步切实提高了我们的办赛水平和接待能力。

随着雪场建设的完善，自2018年冬进入雪季以来，云顶滑雪公园的大型赛事变得十分频密。仅2018—2019雪季，在云顶滑雪公园举办的活动多达42场，其中千人以上的活动就有近20场。尤其是中国滑雪协会和国际雪联在云顶举办的系列活动，如全国单板滑雪U型场地锦标赛、全国自由式滑雪空中技巧U系列赛、国际雪联平行大回转世界杯、国际雪联单板滑雪平行项目世界杯、第二届全国青少年运动会等，都参加人数众多，而且影响很大。

随后的2020年、2021年两个雪季由于受新冠肺炎疫情的影响，活动和赛事大幅减少，每个雪季平均活动仅有30场。这种情况下，云顶滑雪公园仍然举办了一系列高端赛事，如国际雪联单板滑雪U型场地世界杯、国际雪联自由式滑雪U型场地世界杯、中国滑雪协会全国自由式滑雪U型场地锦标赛等。

承办高端赛事是对办赛能力的最好检验，一次次真刀真枪的办赛经历，让滑雪场受益匪浅。最显而易见的，就是赛道建设维护能力逐步提升。

2018年12月21日，单板滑雪坡面障碍技巧世界杯在云顶滑雪公园举行，比赛开始前和一个阶段结束后，会有人背着喷雾器一样的设备走上陡峭的赛道，手持喷枪，在第三个跳台的落地坡赛道边喷出蓝色标线。

虽然看上去只是几道简单的线条，要画好却不容易。因为坡度很陡，一般人在类似坡度的水泥地面上都无法站稳，更何况是在极为光滑的雪坡上；而且，工作人员要在无协助的情况下完成人工画线，且标线要平行于赛道，最关键的是，画线工作必须一次完成。

为了保证办赛质量，云顶聘请了国外专家与雪场员工一起完成画线工作，通过向专家学习，我们工作人员的画线技术很不错了，成功率也不低，但世界杯容不得失误，所以还是要聘请国外专家指导。而到了2020年，我们的工作人员，就能够独立画线了。

包括画线在内的赛场建设和养护，是滑雪比赛的基础工作，各项指标都有着严格标准。随着举办的高级别赛事越来越多，雪场的赛道建设能力也逐步提升。

密苑云顶滑雪公园的工作人员在检查防护设施

赛事保障是一个系统性的综合工程，除了雪道、接待等，医疗和安全保障也是核心一环。2018 年 12 月 19 日，参加自由式滑雪 U 型场地世界杯的美国华裔小将谷爱凌训练中不慎摔倒，医护人员第一时间来到身边进行检查，并将她迅速送往附近的医院接受进一步治疗。她后来说：“医护人员的反应很快，很感谢他们。”

为了保障运动员安全，云顶都对医疗保障工作格外重视，组建了由雪场救援团队、现场医护团队、救护车、定点医院 4 个板块构成的医疗保障团队，并在赛前、赛中根据实际情形多次进行模拟演练，力求做到“快、准、稳”。现场医护人员来自 4 所省级医院及张家口 2 所市、区级医院，一项基本的要求是使用英语交流无障碍，雪上比赛运动员的护具多、衣服厚，如果没有顺畅的语言交流，很难尽快判断伤势。

会滑雪也是现场医护人员的必备技能之一。为便于工作，河北省和张家口市相关部门加强对相关医护人员的滑雪技能培训，优先选拔具有滑雪技能的医护人员加入医疗保障团队，雪场也会对他们进行滑雪技能培训。在一次次的演练和实战中，现场医护人员的经验越来越丰富，配合越来越默契，使运动员的安全得到更为有效的保障。

冬奥会之前的最重要的一次测试赛是在2021年举办。2021年2月16日到26日，云顶场馆运营团队举办了单板滑雪、自由式滑雪10项赛事28个项目的测试。按国际雪联原来的计划，这次自由式滑雪世锦赛也是北京冬奥会的测试赛。受到疫情影响，世锦赛遗憾取消，但运行团队依然按照世锦赛的标准准备，对测试赛道进行了精雕细琢。

尽管测试赛在2021年2月举行，但云顶团队在2020年10月底就已经到岗。彼时云顶滑雪场正在准备新雪季的造雪，团队首批人员入驻后，便开始熟悉场馆设施和流线。

冬奥组委团队从前期就和我们有着良好的沟通。从吃住到后勤，冬奥组委团队一进场，所有办公生活需要的保障都已经备齐，因此他们来了第一天就能工作，而且适应的时间很短。

2020年11月，云顶团队开始审核造雪计划和塑形计划。尽管云顶滑雪场也早早开板，迎接普通雪友，但雪友对雪质的要求，和冬奥团队对雪道的要求并不一样。

团队对雪有厚度的要求，塑形也需要大量的工作。需要不同的机械设备，有时还需要用铲子。云顶铺设的六条赛道中，要数U型槽、坡面障碍和障碍追逐赛道，以及残奥滑雪的坡面回转赛道施工和塑形难度最大。

为此云顶聘请了在塑形、轧雪方面排名世界前列的外籍专家，也请来国内的造雪塑形师负责建造空中技巧和雪上技巧赛道。比如我们的U型槽塑形师，来自新西兰的阿里就非常辛苦，不仅来得早，还根据防疫要求，接受了“14+7”的隔离后投入了工作。

云顶场馆原本将2021年初的测试赛定位为国际雪联自由式滑雪世锦赛，在规模上世锦赛甚至要高于冬奥会。而最终测试的成功也让国际专家信服了云顶团队的组织运行能力。据国际雪联的竞赛分级，世锦赛和冬奥会同是‘A+’级别。世锦赛的规模比冬奥会还要大。所以世锦赛场馆的接待容量，是冬奥会接待量的1.2倍。

由于疫情，世锦赛被取消，取而代之的是国内邀请赛的测试。和冬奥会相比，由于只邀请了国内选手，人数少了。此外相比冬奥8个利益相关方，8类客户群需要接待，测试赛只有4类。而且赛事没有安排转播，媒体接待规格也缩减了。

虽然测试赛级别降低了，但云顶团队的测试活动还是做到应测尽测，尽力模拟了冬奥会情景。我们按照冬奥的规模进行运行，把测试流程按照冬奥会走了一遍。包括赛事的运行时间，比如空中技巧和雪上技巧比赛，会在冬奥会夜间比赛，测试赛也安排在晚间。我们同时测试了灯光等设施。此外，山地运行团队在晚上的工作难度特别大。我们在这一块也进行了测试，包括风的影响、气温对雪质的影响、救援的难度，这些都做到了心中有数。

受疫情影响，测试赛未能组织观众到场，但安排了10余辆小车和10余辆大巴车组成的车队，进行赛时道路压力测试。团队担心云顶的路窄，交通会承受压力。所以团队努力通过组织交通进行解决。这次进行了压力测试，也用电脑做了仿真模拟，确保冬奥会不会有问题。

测试赛没有邀请观众，团队中负责服务观众的赛事服务工作人员，依然天天在山上转。他们就为了看看观众流线通不通。云顶按照奥运规划，调整了从安检口到赛时观众区的路线，做了水泥路面。到了赛时，观众进了安检口后，安排换乘大巴车，可以直接抵达空中技巧观众区附近，再走观众步道上去就近多了。

测试赛期间，云顶场地设施条件和团队的专业素质也得到了包括国际雪联专家的认可。国际雪联考察人员说，场地已经达到了赛时标准，非常好。还有我们提供的山地运行团队，水平也非常高。国际雪联专家之前有顾虑，因为我们测试赛的山地运行人员，除了外籍专家，主体都是中方人员，专家担心，团队没有大型赛事的工作经验，做不好这个事。等到测试赛结束后，专家们说，这个团队已经不再需要外籍专家的指导了，自己就能胜任山地运行的工作。这对我们这个团队来说是最好的鼓励。

第十三章　明天更美好

追云逐月登云顶，不流连于山川。站在 2021 年岁中，回望密苑云顶走过的路，我发现，我跟父亲创立云顶高原，有着一系列不可思议的巧合。

我和父亲都是在五十岁知天命的年龄，毅然决然抛弃过去拥有的全部事业，从头开始创业，这其中充满巨大的未知和挑战。而且，我们都是将前半生的几乎所有资金全部孤注一掷投入一个项目中。

我和父亲第二次创业的起始之地相似，也都获得了超大规模的发展空间。

人心安处即是家。我和父亲都是在异国他乡创业，只是我跟父亲刚好走了一条相反的道路，父亲是从中国到马来西亚，我是从马来西亚到中国。而前往的国度和方向，都是在青年时代就已经早早确定。我在 20 世纪 70 年代担任亚地种植董事总经理时，就已经开始跟中国做生意，并且很早就已经将中国选

密苑云顶大酒店及南翼公寓

定为自己的最理想的创业之地。而父亲在他开始做木匠学徒时，就是在为下南洋做好谋生的准备了。

我和父亲所开创的事业，都获得了本国政府的大力支持。而我比父亲更加幸运的是，站在我身后的是我哥哥丹斯里林国泰，这让我免却不少后顾之忧。

为了纪念我的父亲和母亲，密苑度假区有两项重要的建设以他们的名字命名。一是梧桐大道，长度约 20 千米，是到达云顶滑雪场的必经之路。另一项建设就是金花阁，建筑外观似是一朵美丽的金花，坐落在滑雪场的最高处，海拔 2100 米，游客可以选择在这里休息、餐饮。

一个地方的营商环境怎么样，投资者感受最直接、最深刻。如鲸向海、似鸟投林，哪里营商环境好，投资者就会慢慢

密苑的标志性建筑——金花阁

聚集。而今天我从大马来到中国，也是因为我认定这里是投资的理想所在。

2021 年 7 月，中国共产党迎来了成立 100 周年的盛大节日。在过去的 100 年，世界经历巨大且迅速的改变。在此背景下，中国共产党带领中国克服了诸多国内外的挑战，引导中国走上和平与繁荣的道路。中国在发展上突飞猛进，中国人民的生活发生了翻天覆地的变化。

在党和政府的领导下，中国实现了全面建成小康社会的目标。中国也成功控制了新冠肺炎疫情，为国内经济的强劲复苏铺平道路。

中国共产党在第十四个五年（2021—2025 年）规划中所制定的宏伟目标，将进一步引领中国朝向现代社会主义经济体的愿景迈进。一个稳定、繁荣且成功的中国全面融入国际体系后，不仅对中国有利，也将造福亚洲其他国家乃至整个世界。

我认为，密苑云顶的发展，是一个生动鲜明的实证案例。它证明中国政府如何带领百姓脱贫致富，证明地方政府如何努力促进一方经济，也证明外商在中国，可以获得完全平等的发展。

2021 年 7 月 31 日，是北京、张家口成功申办 2022 年冬奥会和冬残奥会 6 周年纪念日。这 6 年来，我有幸见证中国无数的伟大时刻；在赛场内外，我亲眼看见所有人都在为了一个相同的目标努力；我也有幸亲历当初申办冬奥的一项项承诺被兑现。我有理由相信——2022 年的雪季，北京和张家口，会像 2008 年的那个夏季一样，再次在全世界的注视下绽放！

站在 2021 年的仲夏，我祝福中国和马来西亚两国友谊长青，也祝愿中国和马来西亚的人民明天更美好！

我在金花阁内

后　记

我的父亲林梧桐，对很多中国人来说，还是一个比较陌生的名字。但在马来西亚，他是一位家喻户晓的华人。他的传奇经历，也常被人津津乐道。

父亲广为人知的身份是“游乐赌王”，作为马来西亚云顶高原度假胜地的创始人，他几乎以一己之力，将云顶发展成为全球最著名的旅游胜地。

父亲早年从福建下南洋，在马来西亚他从木匠学徒做起，然后进入五金业，扬名建筑业，在事业几乎达到巅峰之时，突然放弃一切，从头创业，荒山独行，开创了云顶的基业。

成名后，父亲心心念念牵挂着生他养他的故乡——中国。除了多达 12 次回乡探亲扫墓，他还在中国进行了大量的公益慈善和商业投资活动。由于父亲“赌王”的头衔，他在中国的活动十分低调，几乎没接受过任何媒体采访。因此父亲在中国，显得寂寂无名。

我出生在马来西亚，早在 20 世纪 80 年代中国改革开放之后，我就跟随父亲的脚步，开始在中国从事各种投资活动，包括种植业、金融业、房地产业，等等。一直到2007年，我在河北崇礼重新创业，建设了一座大型滑雪乐园——云顶滑雪公园，这还只是一期项目，整个项目“密苑四季旅游度假区”规划面积100平方千米，总投资额达180亿元人民币。这，事实上就是父亲当年开发云顶故事的中国版本。

2015年7月31日，在吉隆坡，当我看到国际奥委会主席巴赫将信封打开，抽出一个纸板，然后翻开，上面写着“Beijing 2022”时，我知道，我在正确的时间，做了一件非常正确的事——全力协助中国政府申办2022年冬奥会，这件事如今变成了现实。

2021年11月25日至28日，“相约北京”2021至2022国际雪联单板滑雪和自由式滑雪障碍追逐世界杯在云顶滑雪公园举办，来自19个国家和地区的187名运动员同场竞技，赛事产生了两位新的世界冠军。这一系列测试赛不仅是运动员适应北京冬奥会赛道的重要机会，也是云顶场馆群和张家口赛区向世界展示赛事筹备成果的窗口。我很欣慰与密苑云顶不负众望，为此次赛事交出了一份令人满意的答卷，收获多方好评。国际雪联专家称赞这里的赛道是世界上最好的赛道之一；冠军得主里齐克表示，云顶滑雪公园的场地非常不错，赛事组织也很好，对即将到来的冬奥会非常期待。

在饮食方面，这次世界杯运动员的菜单按照北京冬奥组委的指导，根据不同国家、不同民族的饮食需求制定，得到了国际雪联的认可。为保证赛时计时记分系统实时信号传输以及媒体转播报道需求，本次测试赛场馆群之间的联络通道已实现5G信号全覆盖，高清稳定的信号流对外进行信号传递的需求得到满足。

赛事期间，云顶场馆组织了300名观众进行现场观赛测试，对赛区的观众交通保障、安检、观赛服务设施、观赛秩序管理、疫情防控等重点环节进行了全流程、全要素、全点位检验，为即将到来的冬奥会积累了宝贵的测试经验。在赛后的观众满意度调查中，观众对云顶滑雪公园的服务设施、观众流线、防疫措施等均给予高度好评。

云顶滑雪公园已经经受了包括本次世界杯在内的几十场大赛的考验，为迎接冬奥会的到来，做好了充分的准备。

作为密苑云顶的创始人和本书作者，我对中国满怀热爱，对中央和地方政府给予的支持满怀感激，也要感谢国际奥组委和国际雪联对于密苑云顶的信任和肯定。感谢关心密苑云顶的滑雪爱好者和媒体朋友们，感谢所有为密苑云顶默默付出的工作人员。希望密苑云顶能够为运动员和滑雪爱好者们带来更好的服务和滑雪体验，为推动中国冰雪运动发展贡献更大的力量。

在冬奥会举办之时，我将我父亲和我的故事一一讲给诸君，这有多方面的意义。首先，父亲的故事从未在中国正式出版过，只有过零零散散的记载，作为后代，我有责任讲述完整的故事。其次，父亲作为中华优秀儿女的杰出代表，他在海外奋斗和创业的经历，也是无数华商、华人在海外创业的一个缩影。最后，中华人民共和国和马来西亚自1974年建交以来，两国关系日益亲密，经贸往来日益密切和频繁。作为中马友好的见证者和受益者，我希望通过这本小书，也能够进一步加深中马两国人民的深切友谊。

这本书自2019年开始酝酿，2020年在韩方明博士的倡议和协助下开始启动收集资料、组织采写团队等工作，初稿由我本人口述、资深媒体人田加刚执笔，后经多次增删、修改，终于达到出版的要求。在写作过程中，我要感谢肖焕伟、Lina、薛磊、刘霞、舒慧芬、柯真珠等人辛勤的资料收集和整理工作。

另外，还要特别感谢我二哥丹斯里林国泰，他对这本书的写作和出版都给予了大力支持。二哥作为全球知名的邮轮大王，是中国邮轮经济的重要开拓者，也是密苑云顶的主要投资人之一。

最后，我要感谢父亲林梧桐、母亲李金花对我的养育与教诲之恩，他们是我一生奋进的精神之源。我还要感谢大姐林秀丽、二姐林秀莲、大哥林致强等各位亲人的一路相伴与关怀呵护，即便岁月流淌，美好回忆永远难忘。

林致华

2021年11月28日

于中国北京